Goldmann Science Fiction

Von Peter Wilfert (Hrsg.)
ist außerdem im Goldmann Verlag lieferbar:

Tor zu den Sternen · 23400

Ken Okura/Peter Wilfert/Werner Zillig (Hrsg.)
SF aus Japan · 23403

Paul Collins/Peter Wilfert (Hrsg.)
SF aus Australien · 23410

SCIENCE FICTION STORIES

Peter Wilfert (Hrsg.)

Pilger durch Raum und Zeit

Originalausgabe

Wilhelm Goldmann Verlag

Aus dem Amerikanischen und Englischen übertragen
von Tony Westermayr

Innenteilillustrationen von Gerd Striepecke, Klaus Porschka, Arno Langnickel und Peter Rump

Made in Germany · 11/82 · 1. Auflage · 1110

Umschlagentwurf: Atelier Adolf & Angelika Bachmann, München
Umschlagillustration: Chris Foss/Agt. Schlück, Garbsen
Satz: Fotosatz Glücker, Würzburg
Druck: Mohndruck Graphische Betriebe GmbH, Gütersloh
Verlagsnummer: 23401
Lektorat: Peter Wilfert · Herstellung: Peter Papenbrok
ISBN 3-442-23401-8

Inhalt

Vorwort

»– und noch immer treffen auch aus England und USA neue Geschichten ein!« – So stand es im Vorwort zu »Tor zu den Sternen« (Goldmann SF 23400).

Die Arbeit an Originalmanuskripten, die Diskussion über Änderungswünsche mit dem jeweiligen Autor führten jedoch in einigen Fällen zur Überschreitung der Produktionstermine. Dazu kam, daß manche Autoren ihre Geschichten erst vorlegen konnten, nachdem das Manuskript längst »in Satz gegangen« war.

Aber hier sind sie nun, jene Geschichten, die speziell für den Jubiläumsband »Tor zu den Sternen« geschrieben wurden –

– aus USA:

Harry Harrison mit seiner lustigen Geschichte über die Zukunft der EWG
Barry Malzberg, dem New Wave-Autor der USA
R. A. Lafferty mit der spannenden Entdeckungsfahrt zu den Sternen
John Varley mit der deutschen Erstveröffentlichung seiner ersten Geschichte überhaupt

– aus England:

Bob Shaw über eine erschreckende Abmagerungskur
Richard Cowper über 2 ungleiche Brüder
Brian M. Stableford über fremde Aquamenschen

– aus Deutschland:

Herbert W. Franke über die Entwicklung der SF in Deutschland

Außer der Geschichte von John Varley sind alle Beiträge speziell für den Goldmann Verlag geschrieben worden, und ich freue mich, sie hier dem Leser vorlegen zu können.

Die aus »Tor zu den Sternen« bekannten Illustratoren haben zu den einzelnen Geschichten neue Bilder gemalt und so die bewährte Kombination von Wort und Bild geschaffen.

Und so möchte ich dem vor Ihnen liegenden Buch nun dasselbe wünschen wie dem Jubiläumsband:

Mag der Kenner hier auch für ihn Neues und von neuem Faszinierendes entdecken; ja vielleicht sein Urteil bestätigt sehen, daß die SF die wohl dem größten Wandel unterliegende, aber immer noch wandlungsfähigste Literaturgattung ist.

Mag der Kennenlernende hier seinen Autor, seine Stilrichtung und darüber hinaus Spaß an der SF finden, um als »Pilger durch Raum und Zeit« weitere Reisen in die Welten der SF zu unternehmen.

Mögen alle durch die folgenden Abenteuer in der Zukunft und auf fremden Planeten gut unterhalten werden – denn SF ist und bleibt vor allem Unterhaltungsliteratur.

Peter Wilfert

USA

JOHN VARLEY wurde 1947 in Austin, Texas, geboren. Bereits die ersten Veröffentlichungen in verschiedenen amerikanischen SF-Magazinen weisen ihn als einen Meister der ›kurzen Form‹ aus.

Innerhalb eines Veröffentlichungszeitraumes von nur 5 Jahren gelang es ihm, zweimal den Hugo-Preis zu gewinnen, einmal mit dem Nebula-Preis ausgezeichnet und einmal für den John W. Campbell Award nominiert zu werden. John Varley lebt mit seiner Familie in Eugene, Oregon. Er gilt heute als vielversprechendstes Talent am SF-Himmel der 80er Jahre.

Die folgende Kurzgeschichte ist die erste, die er in seinem Leben schrieb und die 1974 im ›Magazine of Fantasy and Science Fiction‹ in den USA erschien, in Deutschland aber noch unbekannt ist. Die ausgefallenen Themen, die erotischen Situationen, der Humor Varleys – alles Dinge, für die er später so geschätzt wurde – finden sich bereits in dieser ersten Veröffentlichung.

John Varley

Picknick mit Aussicht auf die Erde

Dies ist die Geschichte, wie ich zur erdzugewandten Seite flog, den alten Lester fand und vielleicht ein bißchen erwachsener wurde. Was auch höchste Zeit war, wie Carnival sagen würde.

Carnival ist meine Mutter. Wir kommen meistens nicht so gut miteinander aus, und für mich liegt das daran, daß ich zwölf bin und sie sechsundneunzig ist. Sie behauptet, das spiele keine Rolle, und sie hätte auf ihr Kind so lange gewartet, weil sie ganz sicher sein wollte, dafür auch wirklich bereit zu sein. Und ich gebe zurück, daß sie in ihrem Alter zu weit von der Kindheit entfernt ist, um noch zu wissen, wie das war. Und sie erklärt, ihr Gedächtnis sei bis zurück zu ihrer Geburt völlig klar. Und ich erwidere . . .

Wir streiten viel.

Ich bin im Debattieren gut, aber Carnival ist ein ganz besonderes Problem. Sie ist Emotionalistin. Jedesmal, wenn ich Fakten in die Diskussion einführen will, tut sie die mit einem Satz von dieser Art ab: »Fakten beirren mich nur in meinen vorgefaßten Meinungen.« Ich weise sie darauf hin, daß das vernunftwidrig ist, und sie sagt, ich hätte völlig recht, das solle es auch sein. Die meiste Zeit können wir uns nicht einmal auf eine Grundlage für die Nicht-Einigung einigen. Man möchte meinen, damit hätte jede Debatte ein Ende, aber wer das denkt, kennt Carnival und mich nicht.

Das Haupt-Diskussionsthema in unserem Bau war seit sieben oder acht Lunationen die Verwandlung, die ich haben wollte. Die Fronten waren klar, und wir befaßten uns jeden Tag damit. Sie war der Ansicht, in meinem Alter könnte mir eine Verwandlung geistig nur schaden. Dabei bekam *jeder* eine.

Wir saßen gemeinsam am Frühstückstisch: Ich und Carnival und Chord, der Mann, mit dem Carnival seit einigen Jahren zusammenlebt, und Adagio, Chords Tochter. Adagio ist sieben.

Am Abend vorher hatte es zwischen mir und Carnival einen Großkampf gegeben. Er war (mehr oder weniger) damit zu Ende gegangen, daß ich erklärt hatte, mich von ihr scheiden zu lassen, sobald ich volljährig sei. Ich weiß nicht mehr, wie die Gegendrohung war. Ich hatte mich ziemlich aufgeregt.

Ich saß da, aß wenig und leckte meine Wunden. Der Streit war, philosophisch gesehen, ergebnislos ausgegangen, aber vom pragmatischen Standpunkt aus hatte sie gewonnen, da gab es keine Frage. Es stand einfach fest, daß ich keine Verwandlung bekommen konnte, bis sie ihren Persönlichkeitsindex unten an einem Eingabe-Blatt anbrachte, und sie erklärte, bevor sie das zuließe, würde sie ihr Gehirn zur Tiefkühlspeicherung bringen. Das würde sie glatt tun.

»Ich glaube, ich bin wieder soweit für eine Verwandlung«, sagte Carnival zu uns.

»Das ist ungerecht!« schrie ich. »Das sagst du nur, um mich zu ärgern. Du willst mir nur unter die Nase reiben, daß ich nichts bin und du alles, was du sein willst.«

»Davon will ich nichts mehr hören«, sagte sie scharf. »Wir haben das Thema erschöpfend behandelt, und ich ändere meine Meinung nicht. Du bist zu jung für eine Verwandlung.«

»Großes Leck«, sagte ich. »Ich bin bald erwachsen, schon in einem Jahr. Glaubst du wirklich, ich werde in einem Jahr ganz anders sein?«

»Darüber möchte ich mich nicht auslassen. Ich hoffe, du wirst reifer. Aber wenn es, wie du sagst, nur noch ein Jahr dauert, warum hast du's dann so eilig?«

»Und mir wäre lieb, wenn du nicht solche Ausdrücke gebrauchen würdest«, sagte Chord.

Carnival warf ihm einen gereizten Blick zu. Sie reagiert streng auf Einmischung von außen, wenn sie mit mir fertigzuwerden versucht. Sie will nicht, daß einer dazwischenfährt. Aber vor mir und Adagio wollte sie nichts sagen.

»Ich finde, du solltest Fox seine Verwandlung zugestehen«, meinte Adagio und grinste mich an. Adagio ist in Ordnung, zumindest was junge Stiefgeschwister angeht. Ich konnte immer darauf zählen, daß sie mich unterstützte, und wenn ich konnte, revanchierte ich mich.

»Du hältst dich da raus«, sagte Chord und wandte sich wieder an Carnival. »Vielleicht sollten wir den Tisch verlassen, bis ihr beiden das geklärt habt.«

»Da müßtet ihr ein Jahr wegbleiben«, erwiderte Carnival. »Bleib ruhig da. Die Diskussion ist beendet. Wenn Fox anderer Meinung ist, kann er in sein Zimmer gehen.«

Das war mein Stichwort. Ich stand auf und rannte hinaus. Ich kam mir albern dabei vor, aber die Tränen waren echt. Nur ist da eben etwas in mir, das ruhig genug bleibt, um zu versuchen, das beste aus einer verfahrenen Geschichte zu machen.

Carnival kam etwas später zu mir, aber ich gab mir alle Mühe, damit sie sich nicht willkommen fühlte. Das kann ich, jedenfalls bei ihr. Sie ging, als deutlich wurde, daß sie nichts bessermachen konnte. Sie war verletzt, und als die Tür sich schloß, fühlte ich mich wirklich elend und war wütend auf sie und mich zugleich. Es fiel mir schwer, sie so liebzuhaben wie noch vor ein paar Jahren, und ich schämte mich, weil ich es nicht konnte.

Ich zerbrach mir eine Weile den Kopf darüber und kam zu dem Entschluß, daß ich mich entschuldigen mußte. Ich verließ das Zimmer und war dazu bereit, mich in ihren Armen auszuweinen, aber dazu kam es nicht. Vielleicht wären sonst die Dinge anders gekommen und Halo und ich hätten nie die erdzugewandte Seite kennengelernt.

Carnival und Chord machten sich fertig, um hinauszugehen. Sie sagten, sie würden fast den ganzen Mondtag fortbleiben. Sie zogen sich dafür an, und was mich störte und dazu brachte, meine Pläne zu ändern, war, daß sie sich im Gemeinschaftsraum und nicht in ihren eigenen Zimmern umzogen, wo sie das meiner Meinung nach hätten tun sollen.

Sie hatte ihre Füße abgenommen und sie durch Peds ersetzt, was ich unsinnig fand, weil Peds nur im freien Fall vernünftig waren. Aber Carnival trägt sie bei jeder Gelegenheit, die sich ergibt, und hüpft herum wie ein tänzelndes Pferd, weil sie für das Gehen so unpraktisch sind. Ich finde, man sieht mit Händen unten an den Beinen albern aus. Und ihre Füße ließ sie natürlich am Boden liegen.

Carnival schaute auf ihre Uhr und fing davon an, daß sie die Fähre verpassen würden. Als sie gingen, blickte sie über die Schulter.

»Fox, würdest du mir einen Gefallen tun und die Füße wegräumen? Bitte? Danke.« Dann war sie fort.

Eine Stunde später, in meiner tiefsten Depression, läutete es an der Tür. Es war eine Frau, die ich vorher noch nie gesehen hatte. Sie war nackt.

Man weiß ja, wie das ist. Manchmal sieht man jemand vor sich, der eben eine Verwandlung durchgemacht hat, und man erkennt ihn sofort, auch wenn er zwanzig Zentimeter kleiner oder größer geworden ist, fünfzig Kilogramm mehr oder weniger wiegt und mit der Person, die man kannte, überhaupt keine Ähnlichkeit hat. Passiert Ihnen das auch? Vielleicht nicht, weil nicht jeder dieses Talent hat, aber ich habe es. Carnival meint, das sei eine umwälzende Veränderung in der Menschheit, eine Antwort auf das Bedürfnis, andere Individuen zu erkennen, die ihr Aussehen nach Belieben ändern können. Das mag zutreffen; sie kann es jedenfalls überhaupt nicht.

Ich glaube, es hängt damit zusammen, wie jemand einen Körper trägt – irgendeinen Körper, beiderlei Geschlechts. Kleine Eigenheiten wie Blinzeln, Lippenbewegungen, Haltung, Finger, vielleicht sogar die gesamte kinästhetische *Gestalt*, von der die Ärzte reden. So war das hier. Ich konnte hinter das hübsche weibliche Gesicht und die andere Größe und das Gewicht blicken und jemand wiedererkennen, den ich kannte. Es war Halo, mein bester Freund, der das letztemal, als ich ihn gesehen hatte, vor drei Mondtagen, ein Mann gewesen war. Sie zeigte ein breites, albernes Grinsen.

»Hallo, Fox«, sagte sie mit einer Stimme, die eine Oktave höher und doch unverwechselbar die von Halo war. »Rate mal.«

»Königin Viktoria, ja?« Ich versuchte, gelangweilt zu wirken. »Komm rein, Halo.«

Sie machte ein langes Gesicht. Mit verwirrter Miene kam sie herein.

»Was sagst du?« fragte sie und drehte sich langsam, damit ich sie von allen Seiten betrachten konnte. Sie sah von allen her gut aus, weil – mir ging das gerade noch ab – ihre Mutter ihr die volle Behandlung hatte angedeihen lassen: voll entwickelte Brüste, alle reifen Rundungen – sämtliches Drum und Dran. Nur die Erwachsenengröße war ihr versagt worden. Sie war sogar noch ein paar Zentimeter kleiner als vorher.

»Sehr schön«, sagte ich.

»Hör mal, Fox, wenn du willst, daß ich gehe ...«

»Ach, tut mir leid, Halo«, sagte ich und gab meine Feindseligkeit auf. »Du siehst prima aus. Wunderbar. Im Ernst. Es fällt mir nur schwer, mich für dich richtig zu freuen. Carnival wird nie nachgeben.«

Sie zeigte sofort Mitgefühl. Sie ergriff meine Hand und erschreckte mich damit ganz schön.

»Ich war so glücklich, daß ich wohl taktlos gewesen bin«, sagte sie mit leiser Stimme. »Vielleicht hätte ich noch nicht herüberkommen sollen.«

Sie sah mich mit großen braunen Augen an (sonst waren sie immer blau gewesen), und ich begann zu erkennen, was das für mich bedeuten würde. Ich meine – Halo? Ein weibliches Wesen? Halo, mit dem ich durch die Korridore gehetzt war? Der mir geholfen hatte, die gräßliche achtbeinige Katze zu bauen, die Carnival nicht ins Haus lassen wollte, und die aussah wie eine konfuse Raupe? Der dieselben Mädchen geliebt hatte wie ich und später, wenn wir allein waren, Vergleiche mit mir anstellte, der mir half, als die Bande mich verdreschen wollte, und mit mir weinte und den Schwur tat, Rache zu üben? Konnten wir so etwas jemals wieder tun? Ich wußte es nicht. Die meisten meiner besten Freunde waren männlich, vielleicht deshalb, weil das mit dem Sex die Dinge bei weiblichen Wesen zu sehr komplizierte, und ich beides bei ein und derselben Person noch nicht bewältigte.

Aber Halo hatte solche Zweifel nicht. Sie stand vielmehr ganz nah vor mir und übte sich in einem großäugigen, unschuldigen Blick, von dem sie wußte, daß er allerhand mit mir anstellte. Sie wußte es, weil ich ihr das gesagt hatte, als sie noch ein Junge gewesen war. Irgendwie unfair.

»Äh, hör mal, Halo«, sagte ich hastig und wich zurück. Sie hatte auf meine Hose gezielt! »Äh, ich glaube, ich brauch' da ein bißchen Zeit, um mich dran zu gewöhnen. Wie soll ich ...? Du weißt doch, was ich meine, oder?« Ich glaube nicht, daß sie es wußte, und ich wußte es eigentlich auch nicht. Ich wußte nur, daß ich angesichts dessen, was sie mit aller Macht zu erreichen versuchte, auf unerklärliche Weise gedemütigt war. Und sie ging immer noch auf mich los.

»Paß mal auf!« sagte ich verzweifelt. »Paß auf, ich habe eine Idee! Äh ... ich weiß. Wir nehmen Carnivals Hopser und machen eine Fahrt, ja? Sie hat gesagt, ich könnte ihn heute haben.« Mein Mund lief mir einfach davon und sagte, was er wollte. Alles, was ich von mir gab, kam aus dem Stegreif und war für mich so neu wie für sie.

Sie hörte auf, mich zu bedrängen.

»Hat sie das wirklich gesagt?«

»Klar«, sagte ich im Brustton der Überzeugung. Das war eigentlich nur eine halbe Lüge. Ich hatte sie eigentlich um den Hopser bitten wollen und war überzeugt davon, daß sie ja gesagt hätte. Von der Logik her stand für mich fest, daß sie es getan hätte. Es war mir nur entfallen, sie zu fragen, mehr nicht. Das war demnach beinahe so, als hätte ich die Erlaubnis erhalten, und ich verhielt mich entsprechend. Die Gedankengänge hinter dem Ganzen sind ein bißchen verwickelt, das gebe ich zu, aber wie gesagt, Carnival hätte sie verstanden.

»Hm«, sagte Halo, von der Idee nicht gerade entzückt, »wohin wollen wir denn?«

»Wie wär's mit dem alten Archimedes?« Auch das war für mich eine große Überraschung. Ich hatte keine Ahnung gehabt, daß ich da hinwollte.

Halo war wirklich entsetzt. Ich riß sie ganz aus ihrem neuartigen Gehabe. Sie reagierte genau so, wie der alte Halo es getan hätte, mit dummem Gesicht und offenem Mund. Dann versuchte sie es mit anderen Reaktionen: den Mund mit beiden Händen bedecken und ein wenig dahinwelken. Erstverwandler sind so; neue Frauen neigen dazu, umherzustelzen wie die Heroine in einem Schauerroman, neue Männer geben an und reden undeutlich wie Marlon Brando in ›Endstation Sehnsucht‹. Das gibt sich.

Bei Halo gab es sich noch vor meinen Augen. Sie starrte mich an und kratzte sich am Kopf.

»Bist du verrückt? Der alte Archimedes ist auf der erdzugewandten Seite. Da lassen sie keinen hin.«

»Nein?« fragte ich, auf einmal interessiert. »Weißt du das genau? Und wenn ja, warum nicht?«

»Na ja, ich meine, jeder weiß doch ...«

»So? Wer sind denn die ›sie‹, die uns nicht hinlassen wollen?«

»Der Hauptcomputer, nehme ich an.«

»Tja, feststellen läßt sich das bloß, wenn man es ausprobiert. Los, wir gehen.« Ich packte ihren Arm. Ich konnte sehen, daß sie konfus war, und ich wollte, daß das so blieb, bis ich meine eigenen Gedanken in den Griff bekam.

»Ich möchte einen Flugplan zum alten Archimedes auf der erdzugewandten Seite«, sagte ich, bemüht, so erwachsen und unbekümmert zu klingen wie möglich. Wir hatten uns etwas zu essen eingepackt und erreichten, hauptsächlich deshalb, weil ich nicht lockerließ, das Flugfeld in zehn Minuten.

»Das ist ein wenig ungenau, Fox«, sagte der HC. »Der alte Archimedes ist groß. Möchtest du es noch einmal versuchen?«

»Ähm ...« Ich stieß auf nichts. Zum Kuckuck mit allen Computern und ihrer Tour, alles so genau zu nehmen! Was wußte ich schon vom alten Archimedes? Ungefähr soviel wie über Alt-New York und Alt-Bombay.

»Gib mir einen Flugplan zum Haupt-Landefeld.«

»Schon besser. Die Daten lauten ...« Er rasselte eine Reihe von Zahlen herunter. Ich gab sie in den Piloten ein und versuchte mich abzuregen.

»Also«, sagte ich zu Halo. »Hier Fox-Carnival-Joule, Privat-Flugwagen AX 1453 aus King City. Ich reiche hiermit einen Flugplan zum Haupt-Landefeld Alt-Archimedes ein, beschrieben wie folgt ...« Ich wiederholte die Zahlen, die der HC mir gegeben hatte. »Eingereicht am siebzehnten Mondtag der vierten Lunation im Jahr 214 der Besetzung der Erde. Ich erbitte eine Einführungszeit.«

»Genehmigt. Zeit wie folgt: Dreißig Sekunden ab Los. Los.«

Ich war wie vor den Kopf geschlagen.

»Das ist alles?«

Er lachte leise. Mütterliches Getue.

»Was hast du erwartet, Fox? Daß Sicherheitsbeamte auf deinen Flugwagen zuströmen?«

»Ich weiß nicht. Ich dachte wohl, du läßt uns nicht auf die erdzugewandte Seite fliegen.«

»Ein verbreitetes Mißverständnis. Du bist ein freier Bürger, wenn auch noch minderjährig, und kannst auf der Mondoberfläche hingehen, wohin du willst. Du bist nur den Gesetzen des Staates und den besonderen Wünschen deines Elter unterworfen, soweit sie mir einprogrammiert sind. Ich ... soll ich den Brennbeginn einleiten?«

»Kümmer' du dich um deine Sachen.« Ich beobachtete den Zeitticker und drückte, als er auf Null war, die Taste. Die Beschleunigung war leicht, hielt aber lange an. Nun ja, Alt-Archimedes, das sind die Antipoden.

»Ich trage die Verantwortung dafür, daß du dich durch jugendliche Unwissenheit oder Vergeßlichkeit nicht gefährdest. Ich habe ferner die Wünsche deiner Mutter zu beachten. Abgesehen davon hast du selbst zu entscheiden.«

»Du meinst, Carnival hat mir die Erlaubnis gegeben, auf die erdzugewandte Seite zu fliegen?«

»Das habe ich nicht gesagt. Ich habe keine Anweisung von Carnival erhalten, dich *nicht* auf die erdzugewandte Seite zu lassen. Dort bestehen keine außergewöhnlichen Gefahren für deine Sicherheit. Es blieb mir also nichts anderes übrig, als deinen

Flugplan zu billigen.« Er legte eine bedeutungsschwere Pause ein. »Nach meiner Erfahrung halten wenige Eltern es für erforderlich, mir die Anweisung zu erteilen, eine solche Erlaubnis zu verweigern. Ich vermute, es liegt daran, daß so wenige Leute je dorthin wollen. Außerdem stelle ich fest, daß dein Elter im Augenblick nicht zu erreichen ist. Sie hat Anweisung hinterlassen, daß sie nicht gestört werden will. Fox«, sagte der HC vorwurfsvoll, »mir kommt der Gedanke, daß es sich hier um keinen Zufall handelt. Hast du das geplant?«

Das hatte ich *nicht!* Aber wenn ich gewußt hätte . . .

»Nein.«

»Du willst wohl einen Flugplan für die Rückkehr haben.«

»Warum? Ich frage dich danach, wenn ich soweit bin.«

»Ich fürchte, das wird nicht möglich sein«, antwortete er überheblich. »In weiteren fünf Minuten bist du außer Reichweite meines letzten Empfängers. Ich reiche nicht bis auf die erdzugewandte Seite, wie du weißt. Seit Jahrzehnten nicht mehr. Du verlierst den Kontakt mit mir, Fox. Du bist dann auf dich selbst gestellt. Denk darüber nach.«

Ich tat es. Einen unangenehmen Augenblick lang wäre ich am liebsten umgekehrt. Ohne den HC zur Überwachung würde man Jugendliche noch für *Jahre* nicht auf die Oberfläche hinauslassen.

War ich meiner Sache so sicher? Ich weiß, wie gefährlich die Oberfläche ist, wenn sie einen einmal in der Zange hat. Ich hatte geglaubt, alle Fehler wären mir inzwischen ausgetrieben worden, aber stimmte das auch?

»Wie aufregend«, stieß Halo hervor. Sie schwebte wieder in den Wolken und hatte ihren Schreck angesichts unseres Ziels völlig überwunden. Sie blieb drei Mondtage lang nach ihrer Verwandlung derart hohlköpfig. Ich später dann allerdings auch, als ich sie durchmachte.

»Still, Quatschkopf«, sagte ich, nicht einmal unfreundlich. Sie war auch gar nicht beleidigt. Sie grinste mich nur an und gaffte zum Fenster hinaus, als wir uns der Beleuchtungsgrenze näherten.

Ich überprüfte den Treibstoffvorrat; er war ausreichend, sogar für einen Aufenthalt von einer vollen Lunation, wenn das nötig sein sollte, obwohl ich gestartet war, ohne mich vorher zu vergewissern.

»Na gut, Schlaukopf, gib mir die Rückflugdaten.«

»Anfrage unvollständig«, erwiderte der HC gedehnt.

»Verdammt noch mal, ich will einen Flugplan Alt-Archimedes-King City und keine Gegenrede.«

»Verstanden. Aufgenommen.« Er gab mir die Daten. Seine Stimme wurde schwächer. »Ich nehme an, du hast keine Lust, mir einen Hinweis darauf zu geben, wann du zurückkommen willst?« fragte er schüchtern.

Ha! Ich hatte ihn flott am Kragen. Carnival würde mit der Erklärung des HC nicht gerade sehr zufrieden sein, das stand für mich fest.

»Sag ihr, ich hätte beschlossen, meine eigene Kolonie zu gründen, und käme nie mehr wieder.«

»Wie du wünschst.«

Der alte Archimedes war größer, als ich erwartet hatte. Ich wußte, daß er selbst in seiner Blütezeit nicht so bevölkert gewesen war, wie es King City ist, aber damals baute man noch mehr auf der Oberfläche. King City ist nicht viel mehr als ein Landefeld mit ein paar Kuppeln. Alt-Archimedes, das waren dicht zusammengedrängte Bauwerke, alle um das Haupt-Landefeld errichtet. Halo zeigte auf ein paar interessante Bauten im Süden, also flog ich da hin und landete neben ihnen.

Sie öffnete die Tür, warf das Zelt hinaus und sprang hinterher. Ich folgte ihr, aber über die Leiter, weil ich offenbar auserwählt war, das Essen zu tragen. Sie schaute sich rasch um und begann das Zelt auszupacken.

»Auf Erkundung gehen wir später«, sagte sie atemlos. »Zuerst wollen wir ins Zelt gehen und essen. Ich habe Hunger.«

Gut, gut, sagte ich zu mir selbst. Ich muß mich früher oder später damit befassen. Ich glaubte ihr nicht, daß sie solchen Hunger hatte – jedenfalls nicht auf das Picknick. Mir ging das alles zu schnell. Ich hatte keine Ahnung, wie unsere Beziehung aussehen würde, wenn wir aus dem Zelt herauskrochen.

Während sie es aufstellte, schaute ich mich in Ruhe um. Es dauerte nicht lange, bis ich mir wünschte, daß wir statt dessen zum Stützpunkt im Meer der Ruhe geflogen wären. Dort wären wir zwar nicht für uns gewesen, aber es gibt da auch keine Gespenster. Übrigens war der Stützpunkt im Meer der Ruhe früher auf der erdzugewandten Seite, bevor man ihn verlegte.

Zu Alt-Archimedes:

Ich konnte mir nicht darüber klarwerden, was mich hier störte. Nicht die Stille. Die Menschheit hat sich an die Stille gewöhnen müssen, seitdem wir gezwungen wurden, die Erde zu verlassen und auf den miesen Planeten im System aufzuwachsen. Nicht das Fehlen von Menschen. Ich war an lange Spaziergänge auf der Oberfläche gewöhnt, bei denen ich oft stundenlang keiner Menschenseele begegnete. Ich weiß nicht. Vielleicht war es die Erde, die dort ein wenig über dem Horizont hing.

Sie war in Sichelform, und ich wünschte mir vergeblich die alte Zeit zurück, als dieser dunkle Teil mit Lichtpunkten übersät gewesen war, den Großstädten der Menschheit. Jetzt gab es nur die primitive Nacht und die Delphine im Meer und die fremden Wesen – Schreckbilder, erfunden, um die Kinder im Schlaf zu ängstigen, aber jetzt war ich mir nicht mehr so sicher. Wenn da unten (oder oben) noch Menschen leben, können wir nichts davon erfahren.

Es heißt genau das hätte die Menschen auf die erdabgewandte Seite getrieben: die unaufhörliche Erinnerung an das, was sie verloren hatten, immer dort am Himmel. Es muß hart gewesen sein, vor allem für die auf der Erde Geborenen. Wie auch immer, seit fast einem Jahrhundert lebte niemand mehr auf der erdzugewandten Seite. Alle früheren Siedlungen waren aufgegeben worden, als die Menschen zum tröstlich leeren Himmel der erdabgewandten Seite auswanderten.

Ich glaube, es war das, was ich empfand, was wie unsichtbares Moos alles zu überspannen schien. Es war die Ausstrahlung von Angst und Verzweiflung, hinterlassen von all den Menschen, die ihre Hoffnungen hier begraben hatten und zur Vergeßlichkeit

der erdabgewandten Seite geflohen waren. Es gab hier wirklich Gespenster – die Schatten unerfüllter Träume und unaufhörlicher Sehnsucht. Und alles war überlagert von einer bodenlosen Traurigkeit.

Ich schüttelte mich und kehrte in die Gegenwart zurück. Halo hatte das Zelt aufgestellt. Es wölbte sich auf dem leeren Landefeld, eine durchsichtige Kleinkuppel, ein wenig höher als mein Kopf. Sie war schon hineingekrochen. Ich schob mich durch den selbstschließenden Ring hinein, und sie dichtete hinter mir ab.

Halos Zelt taugt etwas. Der Boden hat einen Durchmesser von ungefähr drei Metern, ausreichend Platz für sechs Personen, wenn einen nicht stört, daß man gelegentlich angerempelt wird. Es enthielt einen Ofen, eine Stereoanlage und eine Kompakttoilette. Es erzeugte Wasser im Recycling, führte CO_2 ab, steuerte die Temperatur und konnte drei Lunationen lang Hydroponik-Sauerstoff hervorbringen. Und das alles ließ sich auf einen Würfel von dreißig Zentimeter Kantenlänge zusammenklappen.

Halo hatte sofort den Raumanzug ausgezogen, als die Tür abgedichtet war, und huschte hin und her, um die Küche aufzubauen. Sie nahm mir den Picknickkorb ab und machte sich an die Arbeit.

Ich beobachtete sie aufmerksam, als sie das Essen zubereitete. Ich wollte mir darüber klarwerden, was sie empfand. Leicht war das nicht. Sie schien völlig durcheinander zu sein.

Bei denen, die es zum erstenmal machen, passiert es oft, daß sie übertreiben und nach einer neuen Identität für sich selbst suchen, bevor ihnen dämmert, daß an der ersten nichts auszusetzen war. Da unsere Gesellschaft so wenig Unterscheidung zwischen den Sexrollen bietet, greifen sie weit zurück dorthin, wo die Unterschiede so kraß und auffallend sind: Romane, Theaterstücke, Filme und Bandaufzeichnungen von der alten Zeit auf der Erde und den frühen Jahren auf dem Mond. Sie haben die undeutliche Vorstellung, sie sollten sich anders verhalten, weil sie den neuen Körper haben und ihm ein Penis oder eine Vagina fehlt.

Ich erkannte den Typ, auf den sie verfallen war – mich interessiert die alte Kultur nicht weniger als jeden anderen. Sie war

Blondie, und ich sollte Dagwood sein, wie man die beiden von der Comic-Serie kannte. Die Bumsteads, so hießen sie. Typisch häusliches Ehepaar aus dem 20. Jahrhundert. Sie hatte ein rot-weiß kariertes Tischtuch aufgelegt und zwei Plätze mit Geschirr, Servietten, Fingerschalen und einem winzigen, elektrischen Kerzenständer gedeckt.

Ich mußte sie anlächeln, als sie an dem winzigen Herd kniete und drei Töpfe auf einem einzigen Brenner unterzubringen versuchte. Sie gab sich solche Mühe, mir in einer Rolle zu gefallen, die mich überhaupt nicht interessierte. Sie summte während der Arbeit vor sich hin.

Nach dem Essen erbot ich mich, abzuräumen (na ja, *Dagwood* hätte es getan), aber Blondie sagte nein, schon gut, Schatz, ich mache alles. Ich legte mich auf den Rücken, hielt mir den Bauch und betrachtete die Erde. Dann spürte ich einen warmen Körper, der sich anschmiegte, halb neben und halb auf mir, von den Zehennägeln bis zu den Augenbrauen an mich gepreßt. Sie hatte Blondie drüben beim schmutzigen Geschirr gelassen. Die Frau, die mir jetzt ins Ohr atmete, war – Helena? Greta Garbo? – jedenfalls etwas Neues. Ich wünschte mir inbrünstig, Halo möge wiederkommen. Ich kam auf den Gedanken, daß Halo und ich bumsen könnten wie der Teufel, wenn dieses fiebernde Geschöpf, das sie enthielt, uns nur eine Gelegenheit dazu geben wollte. Inzwischen mußte ich mich von Helena notzüchtigen lassen. Ich hob den Kopf.

»Wie ist das, Halo?«

Sie verlangsamte ihr Vorspiel ein wenig, hörte aber nie richtig auf. Sie schob sich auf einen Ellenbogen.

»Ich glaube, ich kann es dir nicht beschreiben.«

»Bitte, versuch es.«

Sie bekam Grübchen.

»Ich weiß wirklich nicht, wie *alles* ist«, sagte sie. »Ich bin immer noch Jungfrau, weißt du.«

Ich setzte mich auf.

»Das hast du *auch?*«

»O Fox, Fox! Ja, ja, ich . . .«

»Nein, nein! Warte mal.« Ich wand mich unter ihr hervor und versuchte sie noch ein wenig abzuhalten. »Ich meine doch, hat es keine Probleme bei der Umstellung gegeben? Ich meine, hast du jetzt eine Aversion dagegen, mit Jungen zu schlafen?« Das war ganz gewiß eine blöde Frage, aber sie nahm sie ernst.

»Mir ist bis jetzt kein Problem bewußt geworden«, sagte sie nachdenklich, während ihre Hand hinuntergriff und mir ungeschickt zu helfen versuchte. Ich half ihr, es richtig zu machen, und sie blieb kurze Zeit so, auf ihren Zehen. »Ich habe vor der Verwandlung darüber nachgedacht, aber das ist irgendwie verflogen. Jetzt spüre ich überhaupt keine Bedenken mehr. Ahhhhhh!« Sie hatte heftig nach unten gestoßen, und es ging los mit uns.

Es war der unbefriedigendste Sexualakt, den ich je erlebt habe. Das lag eigentlich nicht allein an irgendeinem von uns beiden; die äußeren Ereignisse sollten uns total durcheinanderbringen. Aber selbst so war es nicht sonderlich schön.

Eine erstverwandelte Frau neigt dazu, während des ganzen ersten Sexakts in köstlicher Weise von Sinnen zu sein, und mag er ganze sechzig Sekunden dauern. Die Tatsache, daß sie das Spiel von der anderen Spielhälfte betreibt, mit völlig neuen Regeln und neuer Ausrüstung, behindert sie nicht. Vielmehr liefert das eine ungeheure erotische Aufreizung.

So war es bei Halo. Ich begann mich zu fragen, ob sie auf mich warten würde. Ich kam nie dahinter. Ich drehte den Kopf zur Seite und bekam den Schock meines Lebens. Draußen vor dem Zelt stand jemand und beobachtete uns.

Halo fühlte, daß mit mir etwas vorging, und blickte auf mein Gesicht, das einen schönen Anblick geboten haben muß, dann schaute sie über die Schulter. Sie wurde ohnmächtig – völlig bewußtlos.

Na, mir ging es kaum anders. Ich wäre auch ohnmächtig geworden, aber als sie es wurde, erschrak ich noch mehr und entschied, daß ich mir das nicht leisten konnte. Ich blieb also bei Bewußtsein, um festzustellen, was da vorging.

Es sah viel zu sehr nach einem der Gespenster aus, die meine

Phantasie durch die verlassene Stadt wandeln ließ, seitdem wir angekommen waren. Die Gestalt war klein und trug einen Raumanzug, der aus dem Museum im Kepler hätte gestohlen sein können, nur bestand er aus mehr Flicken als aus unbeschädigtem Material. Ich konnte wenig darüber feststellen, wer darin stecken mochte, nicht einmal das Geschlecht. Die Gestalt war massig, und der Helm spiegelte.

Ich weiß nicht, wie lange ich sie anstarrte. Jedenfalls so lange, daß das Gespenst drei- oder viermal um das Zelt herumgehen konnte. Ich griff nach der Flasche Weißwein, aus der wir getrunken hatten, und nahm einen großen Schluck. Ich stellte fest, daß das ein altes Filmklischee ist; es wirkte überhaupt nicht. Aber ganz gewiß bei Halo, als ich ihr den Wein ins Gesicht schüttete.

»Zieh deinen Anzug an«, sagte ich, als sie sich prustend aufrichtete. »Ich glaube, der will mit uns reden.« Er ruderte mit den Armen und zeigte auf ein Gerät an seinem Raumanzug, das ein Funkgerät sein mochte.

Wir zogen unsere Anzüge an und krochen hinaus. Ich sagte immer wieder ›Guten Tag‹, als ich die Kanäle in meinem Anzug durchging. Nichts. Dann kam er heran und legte seinen Helm an den meinen. Seine Stimme klang weit entfernt.

»Was macht ihr hier?«

Ich war der Meinung gewesen, das sei deutlich genug.

»Sir, wir sind nur zu einem Picknick hergekommen. Sind wir auf Ihrem Land? Das tut mir leid, und . . .«

»Nein, nein.« Er winkte ab. »Ihr könnt tun, was ihr wollt, bin nich' eure Mama. Was das Eigentum angeht, gehört mir wohl die ganze Stadt, aber mit dem meisten könnt ihr anfangen, was ihr wollt. Jeder, wie er will, ist meine Devise. Deshalb bin ich immer noch hier. Sie brachten den alten Lester nicht dazu, daß er wegging. Ich bin der alte Lester.«

»Ich bin Fox, Sir«, sagte ich.

»Und ich bin Halo.« Sie hörte uns über meinen Funk.

Er drehte den Kopf und sah sie an.

»Halo«, sagte er leise. »Ein Halo für einen Engel. Hübscher Name, Miss.« Ich hätte gern sein Gesicht gesehen. Seine Stimme klang wie die eines Erwachsenen, aber er war wirklich ein sehr kleiner. Wir waren beide größer als er und für unser Alter nicht über dem Durchschnitt.

Er hustete.

»Ich, äh, tut mir leid, daß ich euch gestört hab' . . . äh.« Er schien verlegen zu sein. »Ich konnte einfach nicht anders. Ich habe so lange keinen Menschen mehr gesehen – ach, zehn Jahre, schätze ich – und mußte mir das einfach aus der Nähe ansehen. Und ich, ich muß euch etwas fragen.«

»Nämlich, Sir?«

»Das ›Sir‹ könnt ihr euch schenken. Bin nich' euer Papa. Ich wollte wissen, ob ihr irgendwelche Medikamente habt.«

»Im Hopser gibt es einen Erste-Hilfe-Kasten«, sagte ich. »Braucht jemand Hilfe? Ich nehme die Leute gern mit zu einem Krankenhaus in King City.«

Er schwenkte wild die Arme.

»Nein, nein, nein. Ich will nicht, daß Ärzte da herumbohren. Ich brauche nur etwas Medizin. Äh, hört mal, könnt ihr den Sanitätskasten aus dem Hopser holen und kurz in meinen Bau kommen? Vielleicht habt ihr etwas dabei, das ich brauchen könnte.«

Einverstanden gingen wir mit ihm über das Landefeld.

Er führte uns in ein nicht unter atmosphärischem Druck stehendes Haus am Rand des Flugfeldes. Wir schoben uns durch dunkle Korridore.

Wir erreichten eine große Frachtschleuse, traten ein, und er betätigte sie. Dann gingen wir durch die Innentür in seinen Bau.

Es war ein tolles Ding, eher ein Urwald als eine Wohnung. So groß wie das Bürgerauditorium in King City, und überwuchert von Bäumen, Ranken, Blumen und Sträuchern. Es sah aus, als sei es früher einmal gepflegt worden, habe dann aber wild wuchern dürfen. In einer Ecke standen ein Bett und ein paar Stühle, und es gab ein paar hohe Bücherstapel. Und haufenweise Gerümpel: Fässer mit Abdichtungsmasse, leere Sauerstoffzylinder, ausgebaute Instrumente, Buggyreifen.

Halo und ich hatten die Helme abgenommen und die Raumanzüge halb ausgezogen, als wir ihn zum erstenmal zu Gesicht bekamen. Er war unfaßbar! Ich fürchte, daß ich ächzte, ganz reflexartig; Halo glotzte nur. Dann versuchten wir höflichkeitshalber so zu tun, als gäbe es nichts Ungewöhnliches.

Er machte den Eindruck, es sei seine Gewohnheit, ohne den Raumanzug herumzulaufen. Sein Gesicht war zerfurcht und durchpflügt wie ein Acker nach Artilleriebeschuß. Seine Haut wirkte zäh wie Leder. Seine Augen lagen tief in den Höhlen.

»Na, zeigt her«, sagte er und streckte eine magere Hand aus. Seine Fingerknöchel waren geschwollen und wulstig.

Ich gab ihm den Kasten, und er murkste an den Verschlüssen herum, bekam ihn aber auf. Er setzte sich und las bei jeder Pakkung bedächtig das Etikett. Er murmelte beim Lesen.

Halo ging zwischen den Pflanzen herum, aber der alte Lester interessierte mich mehr als sein Zuhause. Ich sah, daß er den Inhalt des Kastens mit steifen, ungeschickten Fingern untersuchte. Alle seine Bewegungen wirkten steif. Ich konnte mir nicht vorstellen, was ihm fehlen mochte, und wunderte mich darüber, daß er nicht schon lange ärztliche Hilfe gesucht hatte, bevor, was ihm zu schaffen machte, sich so weit entwickeln konnte.

Er legte bis auf zwei Tuben Salbe schließlich alles wieder zurück. Er seufzte und sah uns an.

»Wie alt seid ihr?« fragte er argwöhnisch.

»Ich bin zwanzig«, sagte ich. Ich weiß nicht, warum. Ich bin sonst kein Lügner, wenn ich nicht einen guten Grund habe. Ich bekam nur ein merkwürdiges Gefühl bei dem alten Lester und richtete mich nach meinen Instinkten.

»Ich auch«, sagte Halo ungefragt.

Er schien zufrieden zu sein, was mich überraschte. Mir war klar, daß er seit langer Zeit ohne jede Verbindung zu anderen Menschen war. Wie lange genau, wußte ich noch nicht.

»Ist nicht viel dabei, was mir nützt, aber ich möchte die Sachen hier kaufen, wenn ihr sie hergebt. Da steht, daß sie für ›örtliche Betäubung‹ sind, und das könnte ich morgens gebrauchen. Wieviel?«

Ich erklärte ihm, er könne sie umsonst haben, aber er gab nicht nach. Ich sagte, er solle den Preis selber festsetzen, und griff nach meinem Kreditmesser in meinem Anzugbeutel. Er hielt mir ein paar rechteckige Papierzettel hin. Es waren Papiergeld-Scheine, ausgegeben im Jahr 76 n. B.E. durch den alten Mond-Freistaat. Sie waren seit über einem Jahrhundert nicht mehr in Gebrauch. Für einen Sammler ein Vermögen wert.

»Lester«, sagte ich zögernd, »die sind mehr wert, als Sie vielleicht ahnen. Ich könnte sie in King City für . . .«

Er lachte glucksend.

»Sehr schön. Ich weiß, was die Scheine wert sind. Ich bin klapprig, aber nicht senil. Für jemand, der sie haben will, sind sie Tausende wert, für mich gar nichts. Abgesehen von einem Punkt. Sie sind eine feine Probe, wenn man einen ehrlichen Menschen finden will. Sie zeigen mir, ob jemand einen kranken, alten Einsiedler wie mich hereinlegen würde. Entschuldigen Sie, junger Mann, aber ich hielt Sie für einen Lügner, als Sie hier reinkamen. Das war mein Fehler. Behalten Sie die Scheine. Sonst hätte ich sie zurückgenommen.«

Er warf vor uns etwas auf den Boden, etwas, das er in der Hand gehalten hatte, ohne daß es mir aufgefallen wäre. Es war eine Schußwaffe. Ich hatte noch nie eine gesehen.

Halo hob sie vorsichtig auf, aber ich wollte sie nicht anrühren.

Der alte Lester kam mir jetzt weit weniger komisch vor. Wir waren still.

»Jetzt hab' ich euch auch noch erschreckt«, sagte er. »Meine guten Manieren habe ich alle vergessen und weiß auch nicht mehr, wie ihr drüben auf der anderen Seite lebt.« Er hob die Waffe auf und öffnete sie. Die Kammer für die Ladung war leer. »Aber das hättet ihr nicht gewußt, oder? Ich bin ja schließlich kein Killer. Ich suche mir meine Freunde nur sehr gründlich aus. Kann ich den Schrecken, den ich euch eingejagt habe, wieder dadurch gutmachen, daß ich euch zum Essen einlade? Ich habe seit zehn Jahren keine Gäste mehr gehabt.«

Wir erklärten, wir hätten eben gegessen, und er fragte, ob wir noch bleiben und uns einfach unterhalten könnten. Er schien sehr begierig darauf zu sein. Wir waren einverstanden.

»Wollt ihr etwas zum Anziehen? Ihr habt wohl nicht mit einem Besuch gerechnet, als ihr hergekommen seid.«

»Wie das bei Ihnen üblich ist«, sagte Halo diplomatisch.

»Bei mir gibt es keine Vorschriften«, sagte er mit einem zahnlosen Grinsen. »Wenn es euch nichts ausmacht, nackt zu sein, geht mich das nichts an. Jeder, wie er will, sage ich immer.« Ein gebräuchlicher Ausdruck bei ihm.

Wir legten uns also ins Gras, er holte einen sehr starken Schnaps und goß uns ein.

»Selbstgebrannt!« sagte er lachend. »Ganz echt. Ich mache ihn selber ... Der beste Schnaps hier.«

Wir unterhielten uns und tranken.

Bevor ich so betrunken wurde, daß ich mich an nichts mehr erinnern konnte, ergaben sich ein paar interessante Dinge über den alten Lester. Das ging schon damit an, daß er wirklich sehr alt war. Er sagte, er sei 257 Jahre alt und noch auf der Erde geboren. Er sei mit achtundzwanzig Jahren auf den Mond gekommen, einige Jahre vor der Invasion.

Ich kenne in dieser Altersklasse mehrere Leute, auch wenn niemand ganz so alt ist. Carnivals Urgroßmutter ist 221, aber auf dem Mond geboren, und an die Invasion kann sie sich nicht erinnern. Von dem Fleisch, mit dem sie geboren wurde, ist fast nichts übrig. Sie hat ihre Erinnerungen nun schon zweimal auf ein neues Gehirn übertragen.

Ich war ohne weiteres bereit, zu glauben, daß der alte Lester lange ohne ärztliche Versorgung ausgekommen war, aber was er uns erzählte, konnte ich zuerst gar nicht fassen. Er sagte, mit Ausnahme eines neuen Herzens vor achtzig Jahren sei er seit seiner Geburt unverändert! Ich bin jung und naiv – jetzt gebe ich das ganz offen zu –, aber das konnte ich nicht schlucken. Aber ich glaubte es dann schließlich doch und glaube es auch jetzt.

Er hatte eine Million Geschichten zu erzählen, alle mindestens achtzig Jahre alt, denn so lange hauste er schon allein. Er kannte Geschichten von der Erde und den ersten Jahren auf dem Mond. Er erzählte uns von der schweren Zeit nach der Invasion. Jeder, der diese Zeit miterlebt hat, kann etwas erzählen. Ich hatte einen Filmriß, bevor der Abend vorbei war, und das einzige, woran ich mich deutlich erinnere, ist, daß wir drei in einem Kreis beieinanderstanden, die Arme um die Schultern der anderen gelegt, und ein Lied sangen, das der alte Lester uns beigebracht hatte. Wir schwankten hin und her, stießen mit den Stirnen aneinander und schütteten uns aus vor Lachen. Ich erinnere mich an seine Hand auf meiner Schulter. Sie war hart wie Gestein.

Am nächsten Tag wurde Halo zu Florence Nightingale und pflegte den alten Lester gesund. Sie war so streng wie nur irgendeine Krankenschwester, zog ihm unter seinen schwachen Protesten die Sachen aus und massierte ihn. In der Nüchternheit des Morgens fragte ich mich, wie sie sich dazu überwinden konnte, seinen runzligen, alten Körper zu berühren, aber während ich zusah, begriff ich langsam. Er war wunderschön.

Am besten läßt der alte Lester sich mit der Mondoberfläche vergleichen. Es gibt nichts Älteres oder Mißhandelteres als die Oberfläche des Mondes. Aber ich habe sie immer geliebt. Sie ist das Schönste im ganzen System, die Saturnringe eingeschlossen. So war der alte Lester. Ich bildete mir ein, er *sei* der Mond. Er war ein Teil davon geworden.

Obwohl ich ihm sein Alter schließlich abnahm, konnte ich

doch erkennen, daß er in elender Verfassung war. Das viele Trinken hatte ihn stark geschwächt, aber er ließ sich nicht unterkriegen. Das erste, was er morgens wollte, war ein Glas Schnaps. Ich brachte ihm eins, dann machte ich ein großes Frühstück: Eier und Wurst und Brot und Orangensaft, alles aus seinem Garten. Dann fingen wir wieder mit dem Saufen an.

Ich hatte nicht einmal die Zeit, mir darüber Gedanken zu machen, was Carnival und Halos Mutter inzwischen meinen mochten. Der alte Lester hatte uns adoptiert, soviel stand fest. Er sagte, er wolle unser Vater sein, was ich als komisch empfand – denn wer weiß schon, wer sein Vater ist. Aber er begann sich auf eine Weise zu benehmen, die ich mütterlich genannt hätte, und er betrachtete sie offenbar als *väterlich*.

Wir trieben an diesem Tag viele Dinge. Er brachte uns das Gärtnern bei.

Er zeigte mir, wie man die Auberginen kreuzte und erkennen konnte, wann sie reif waren, ohne sie aufbrechen zu müssen. Er erklärte uns die Geheimnisse, wie man Brotfruchtbäume so zieht, daß sie Laibe von dunkelbraunem, hartem Vollkornbrot oder, durch Veredelung, die sonderbar andersartige Roggensorte tragen. Ich hatte noch nie Roggenbrot gegessen. Und wir lernten, Kartoffeln und Steckrüben auszugraben. Wir lernten, Honig und Käse und Tomaten zu ernten. Wir schälten Speck von der Rinde der Ferkelbaumstämme.

Und wir tranken während der Arbeit seinen Selbstgebrannten, lachten viel, und in die Erklärungen über die Gärtnerei streute er wieder seine Geschichten ein.

Der alte Lester war nicht der Narr, als den man ihn anfangs hatte empfinden können. Seine Redeweise war eine angelernte, mit der er sich im Lauf der Jahre verlustiert hatte. Er konnte, wenn er wollte, so korrekt sprechen wie jeder andere. Er hatte viel gelesen und wußte noch alles. Er war ein erstklassiger Ingenieur und Botaniker, aber seine Kenntnisse und Fertigkeiten mußte man immer mit dieser einen Einschränkung sehen: Alles, was er wußte, war seit achtzig Jahren überholt. Es spielte keine große Rolle. Die alten Methoden taten ihre Wirkung.

In gesellschaftlichen Dingen sah es anders aus.

Er wußte nicht viel über die Verwandlung, außer, daß er nichts davon hielt. Eben die Verwandlung war es gewesen, die ihn endgültig darin bestärkt hätte, sich von der Gesellschaft abzusondern. Er sagte, er hätte seine Zweifel gehabt, sich der Auswanderung auf die erdabgewandte Seite anzuschließen, und die Frage der Geschlechtsumwandlung hätte schließlich den Ausschlag gegeben. Wir entsetzten uns mehr, als er ahnen konnte, nachdem wir erfahren hatten, daß er nie eine Frau gewesen war. Ich fand seinen Mangel an Neugier ungeheuerlich, aber da irrte ich mich. Es stellte sich heraus, daß er sonderbare Vorstellungen über die Sittlichkeit des ganzen Verfahrens hatte, Ansichten, die von irgendeiner unsinnigen Kirchenreligion in seiner Jugend stammten. Ich hatte von dem Kult gehört, was kaum zu vermeiden ist, wenn man sich überhaupt mit Geschichte befaßt. Vom Ethischen war da wenig die Rede gewesen, weil man sich mehr für willkürliche Regelungen interessierte.

Der alte Lester glaubte aber immer noch daran. In seiner Wohnung gab es eine Menge primitiver Ikonen. Ein Hauptsymbol verehrte er ganz besonders, nämlich einen einfachen hölzernen Fetisch in der Form eines Pluszeichens mit einem langen senkrechten Stab. Er trug einen um den Hals, und die anderen waren überall zu sehen.

Mir ging auf, daß diese Religion den verwirrenden Unstimmigkeiten zugrunde lag, die mir mit der Zeit an ihm auffielen. Sein ›Jeder, wie er will‹ mag aufrichtig gemeint gewesen sein, aber er lebte nicht ganz danach. Er war der Meinung, die Leute sollten selbst entscheiden dürfen, aber es wurde deutlich, daß er sie verurteilte, wenn ihre Wahl nicht die seine war.

Mein aus dem Augenblick entstandener Entschluß, mein Alter falsch anzugeben, hatte sich als richtig erwiesen, obwohl ich nicht ganz sicher bin, ob die Wahrheit nicht doch besser gewesen wäre. Das hätte uns die weiteren Lügen erspart, die wir aussprachen oder anklingen ließen, und ich bin einer, der die Wahrheit immer vorzieht. Aber ich weiß trotzdem nicht, ob der alte Lester ohne die Lügen unser Freund hätte sein können.

GERD STRIEPECKE 81 ©

Er wußte etwas von dem Leben auf der erdabgewandten Seite und ließ deutlich erkennen, daß er das meiste davon mißbilligte. Und er hatte sich (mit unserer Hilfe) eingeredet, wir wären nicht so. Vor allem meinte er, die Menschen sollten keinen Sex miteinander treiben, bevor sie ›ein anständiges Alter‹ erreicht hätten. Er äußerte sich nie genauer dazu, aber Halo und ich waren mit ›zwanzig‹ über diese Grenze hinaus.

Eine merkwürdige Vorstellung. Selbst Carnival, die ein bißchen altmodisch ist, wäre entsetzt gewesen. Gewiß, wir beschleunigen die Pubertät jetzt – ich bin sexuell potent, seitdem ich sieben Jahre alt war –, aber er war der Ansicht, die Leute sollten selbst *nach* der Pubertät noch darauf verzichten. Ich konnte keinen Sinn darin sehen. Ich meine, was würden *Sie* denn tun?

Dann das Wort, das er gebrauchte, ›Inzest‹. Ich mußte es nachschlagen, als ich heimkam, um mich zu vergewissern, daß ich ihn richtig verstanden hatte. Das war der Fall. Er war dagegen. In den Anfängen der Zeit, als Fortpflanzung und Genetik mit dem Sex so sehr zusammenhingen, mochte das ja noch sinnvoll gewesen sein, aber welche Rolle konnte das jetzt noch spielen? Der einzige Ort, wo Carnival und ich uns verstehen, ist das Bett; ohne es hätten wir nur ganz wenig gemeinsam.

So ging das immer weiter mit dieser Liste von Vorschriften. Zum Glück verdarb mir das die Freude am alten Lester nicht. Alles, was mir mißfiel, waren die Lügen, in die wir uns verrannt hatten. Ich bin bereit, den Leuten alle möglichen unsinnigen Ideen zuzugestehen, solange sie sich nicht mir aufdrängen, wie Carnival das mit der Verwandlung tat. Daß ich mich dabei ertappte, den Vorstellungen Lesters zuzustimmen, war meine eigene Schuld, nicht die seine. Glaube ich.

Die Tage zogen vorüber, beeinträchtigt nur durch eines: Ich hatte keine gesetzlichen Vorschriften übertreten, wußte aber, daß man mich suchte. Und ich wußte, daß ich Carnival sehr schlecht behandelte. Ich versuchte mir darüber klarzuwerden, wie schlecht, und was ich dagegen tun sollte, aber der Selbstgebrannte und die schöne Zeit brachten mich immer wieder davon ab.

Carnival war zur erdzugewandten Seite gekommen. Halo und ich hatten die Leute aus den Schatten beobachtet, als Lesters Radar sie beim Anflug erfaßte. In der Ferne waren sechs oder sieben Gestalten zu erkennen gewesen. Sie waren in den Hopser gestiegen und hatten alles durchsucht. Sie hatten am Rand des Landefelds nach unseren Spuren gefahndet, sie gefunden und bis dorthin verfolgt, wo sie auf dem Beton verschwanden. Ich hätte gerne zugehört, traute mich aber nicht, weil sie ganz gewiß Peilgeräte dafür mitgebracht hatten.

Sie flogen wieder ab. Den Hopser ließen sie stehen, was lieb von ihnen war. Sie hätten ihn mitnehmen können, und wir hätten hilflos auf ihre Rückkehr warten müssen.

Ich dachte darüber nach und besprach mich mit Halo. Mehrmals waren wir nahe daran, aufzugeben und heimzufliegen. Im Grunde hatten wir ja von zu Hause gar nicht fortlaufen wollen. Wir hatten nur der Autorität getrotzt, und ich war gar nicht auf den Einfall gekommen, wir würden so lange wegbleiben. Aber seit wir hier waren, fiel es uns schwer, umzukehren. Der Flug zur erdzugewandten Seite hatte einen bestimmten Schwung verlangt, und wir besaßen nicht die Kraft, ihn abzubremsen.

Schließlich verfielen wir auf das andere Extrem. Wir beschlossen, für immer auf der erdzugewandten Seite zu bleiben. Ich glaube, das Machtgefühl, das eine solche Entscheidung auslöst, stieg uns zu Kopf. Wir deckten unsere Zweifel mit schulterklopfender Aufmunterung, vielem Gekichere und übertriebenen Vorstellungen davon zu, was wir und der alte Lester im Archimedes würden tun können.

Wir schrieben einen Brief – was bewies, daß wir uns noch immer vor *irgend* jemand verantwortlich fühlten – und befestigten ihn an der Einstiegsleiter des Flugwagens, dann stieg Halo hinein, schaltete die Außenscheinwerfer ein und richtete sie senkrecht nach oben. Wir zogen uns in ein Versteck zurück und warteten.

Tatsächlich kam nach zwei Stunden ein Schiff. Man hatte von einer niedrigen Umlaufbahn aus aufgepaßt und war beim nächsten Überflug gelandet, als die Veränderung auffiel. Eine Person stieg aus dem Schiff und las den Brief. Es war eine verrückte Nachricht: Man möge sich keine Sorgen machen, uns ginge es gut, wir wollten bleiben, und was dergleichen Unsinn mehr ist, an den ich lieber nicht zurückdenke. Außerdem solle man den Hopser mitnehmen. Ich bedauerte das noch, während sie es las. Wir müssen nicht bei Verstand gewesen sein.

Ich konnte sie sogar aus der Ferne die Schultern hängenlassen sehen. Sie schaute sich im Kreis um, dann begann sie Winkzeichen zu geben.

›Tut, was ihr müßt‹, signalisierte sie. ›Ich verstehe dich nicht, aber ich liebe dich. Ich lasse den Flugwagen für den Fall da, daß du es dir anders überlegst.‹

Tja. Ich schluckte und war halb auf dem Weg zu ihr, als Halo mich zu meiner größten Überraschung auf den Boden hinunterzog. Ich hatte angenommen, sie mache nur mit, um mir nicht sagen zu müssen, wie falsch es sei, was ich tat. Das war nicht ihre Idee gewesen; sie war nicht recht bei Verstand gewesen, als ich sie mit hierhergenommen hatte. Aber das hatte sie längst überwunden und war nun so vernünftig wie früher. Und unser Abenteuer gefiel ihr besser als mir.

»Trottel!« zischte sie, nachdem sie ihren Helm an den meinen gelegt hatte. »Ich dachte mir schon, daß du so etwas machen wirst. Überleg doch. Willst du so ohne weiteres aufgeben? Wir haben das noch gar nicht richtig ausprobiert.«

Ihre Miene wirkte nicht so überzeugt wie ihre Worte, aber ich war nicht in der Verfassung, ihr das auszureden. Dann war Carnival wieder fort, und ich fühlte mich besser. Immerhin hatten wir einen Ausweg zur Verfügung, wenn es uns auf die Dauer nicht gefallen sollte. Sehr bald waren wir furchtlose Bahnbrecher, und ich dachte nicht mehr an Carnival oder die erdabgewandte Seite, bis es dann wirklich schiefging.

Lange Zeit, fast eine Lunation lang, waren wir glücklich. Wir arbeiteten jeden Tag hart mit dem alten Lester zusammen. Ich lernte, daß bei dieser Art von Leben die Arbeit nie getan ist; es gab stets einen Luftkanal zu reparieren, Blumen zu befruchten, Maschinen einzustellen. Es war primitiv, und ich sah in der Regel

Möglichkeiten, die Methoden zu verbessern, kam aber nie auf den Gedanken, sie vorzuschlagen. Das hätte nicht zu unseren verrückten Bahnbrecher-Ideen gepaßt. Es *mußte* schwerfallen, damit es richtig war.

Wir bauten eine Hütte aus Gras, wie wir es in einem Film gesehen hatten, und zogen dort ein. Sie stand der Wohnung Lesters gegenüber, was albern war, aber dadurch konnten wir uns besuchen. Und ich lernte etwas Interessantes, was die Sünde anging.

Der alte Lester pflegte uns zu beobachten, wenn wir uns in unserer dürftigen Hütte liebten, ein Grinsen auf dem Gesicht mit seiner Lederhaut. Dann deutete er eines Tages an, die körperliche Liebe sollte etwas Privates sein. Es sei eine Sünde, das vor anderen zu tun, und eine Sünde, dabei zuzusehen. Aber er sah trotzdem weiter zu.

Also fragte ich Halo, was sie darüber denke.

»Er braucht ein klein wenig Sünde, Fox.«

»Wie?«

»Ich weiß, es ist nicht logisch, aber du mußt inzwischen gemerkt haben, daß seine Religion wirr ist.«

»Das steht fest. Aber ich komme trotzdem nicht mit.«

»Na ja, ich auch nicht, aber ich gebe mir Mühe, das zu achten. Er hält das Trinken für eine Sünde, und bis wir kamen, war das die einzige Sünde, die er begehen konnte. Jetzt kann er auch die Sünde der Wollust begehen. Ich glaube, er braucht es, daß ihm etwas vergeben wird, und es kann nichts vergeben werden, wenn er nichts tut.«

»Das ist das Verrückteste, was ich je gehört habe. Aber noch verrückter ist: Wenn die Wollust eine Sünde für ihn ist, warum geht er dann nicht her und macht mit dir Liebe? Ich bin fest überzeugt, daß er es will, aber soviel ich weiß, hat er es noch nie getan. Oder?«

Sie sah mich mitleidig an.

»Du weißt es nicht, wie?«

»Soll das heißen, er hat?«

»Nein, das meine ich nicht. Wir haben es nicht gemacht. Und nicht, weil ich es nicht versucht hätte. Und nicht, weil er es nicht wollte. Er schaut, schaut, schaut; er läßt mich nicht aus den Augen. Und es liegt nicht daran, daß er es für eine Sünde hält. Er *weiß*, daß es eine Sünde ist, aber er würde es tun, wenn er könnte.«

»Dann begreife ich immer noch nicht.«

»Was soll das heißen? Ich hab' es dir doch eben erklärt. Er *kann* nicht. Er ist zu alt. Bei ihm funktioniert das nicht mehr.«

»Das ist *grauenhaft!*« Mir war beinahe übel. Ich wußte, daß es für seinen Zustand ein Wort gab, aber ich konnte es erst viel später nachschlagen. Das Wort heißt ›verkrüppelt‹. Es bedeutet, daß irgendein Teil des Körpers nicht richtig funktioniert. Der alte Lester war seit über einem Jahrhundert sexuell verkrüppelt.

Ich überlegte mir daraufhin ernsthaft, ob ich nach Hause fliegen sollte. Ich war mir ganz und gar nicht sicher, daß er ein Mensch war, in dessen Nähe ich sein wollte. Die Lügen wurden mit jedem Tag unangenehmer, und nun das.

Aber es wurde noch viel schlimmer, und ich blieb trotzdem.

Er war krank. Ich meine damit nicht, was wir unter Kranksein verstehen; irgendeine kleine Störung, die durch einen Besuch von zehn Minuten Dauer bei einem der Biotechniker behoben werden kann. Er verschliß sich.

Es war zum Teil unsere Schuld. Selbst an jenem ersten Morgen war er nicht so rasch aus dem Bett gekommen. Jeden Mondtag – nach einer langen Nacht mit Selbstgebranntem und großem Feiern – fand er ein wenig langsamer heraus. Es kam soweit, daß Halo ihn jeden Morgen eine Stunde lang massieren mußte, damit er aufrecht stehen konnte. Ich glaubte zunächst, er hätte sich das einfallen lassen, weil ihm die Massage gefiel und Halo ihn am ganzen Körper behandelte. Das war aber nicht der Fall. Wenn er aufstand, humpelte er, gebeugt von den Schmerzen im Magen. Er vergaß vieles. Er stolperte, stürzte und stand langsam wieder auf.

»Ich sterbe«, sagte er nachts einmal. Mein Atem stockte, Halo blinzelte rasch. Ich versuchte meine Verlegenheit zu vertuschen und tat so, als hätte er das nicht ausgesprochen.

»Ich weiß, das ist jetzt ein Schimpfwort, und es tut mir leid, wenn ich euch zu nahe getreten bin. Aber ich hab' nicht so lange gelebt, um mich nicht damit abfinden zu können. Ich sterbe wirklich und werde bald tot sein. Ich hätte nicht geglaubt, daß es so schnell gehen wird. Alles scheint mir auf einmal den Dienst aufzukündigen.«

Wir versuchten ihm einzureden, er täusche sich, und, als das nichts half, ihn davon zu überzeugen, er sollte kurz zur erdabgewandten Seite fliegen und sich herrichten lassen. Aber wir konnten seinen Aberglauben nicht überwinden. Er hatte vor den Technikern drüben schreckliche Angst. Wir versuchten ihm klarzumachen, daß regelmäßige Reparaturen den Geist – er sagte ›Seele‹ dazu – unverändert lassen, aber dann geriet er ins Philosophieren.

Am nächsten Tag stand er überhaupt nicht auf. Halo rieb seine alten Glieder, bis sie steif war. Es nützte nichts. Seine Atmung wurde unregelmäßig, sein Puls war schwer zu finden.

Damit standen wir vor der schwersten Entscheidung überhaupt. Sollten wir zulassen, daß er starb, oder ihn zum Flugwagen tragen und in eine Reparaturwerkstatt schaffen? Wir plagten uns einen ganzen Mondtag damit ab. Weder das eine noch das andere schien richtig zu sein, aber ich kam schließlich so weit, daß ich mich dafür aussprach, ihn zurückzubringen, während Halo dagegen war. Er konnte uns nicht hören, außer in den kurzen Zeiträumen, wenn er sich aufraffte und zu sitzen versuchte. Dann stellte er uns Fragen oder sagte Dinge, die ohne jeden Zusammenhang zu sein schienen. Sein Gehirn muß schon sehr angegriffen gewesen sein.

»Ihr seid in Wirklichkeit gar nicht zwanzig, oder?« sagte er einmal.

»Woher haben Sie das gewußt?«

Er lachte schwächlich in sich hinein.

»Der alte Lester ist kein Schwachkopf. Ihr habt das gesagt, um zu erklären, wobei ich euch erwischt hab', damit ich es euren Eltern nicht sag'. Aber ich sag' nichts. Das ist eure Sache. Wollte euch nur klarmachen, daß ihr mir nichts habt vormachen können, überhaupt nichts.« Er begann wieder ächzend zu atmen.

Wir kamen nie zu einer Klärung der Sache, es sei denn stillschweigend. Was ich wollte, erforderte konkretes Handeln, und am Ende brachte ich die Kraft nicht auf, es zu tun. Ich war meiner nicht sicher genug. So saßen wir denn auf seiner Bettkante, warteten darauf, daß er starb, und sprachen mit ihm, wenn er das brauchte. Halo hielt seine Hand.

Ich machte die Hölle durch. Ich verfluchte ihn als hohlköpfigen, geistig behinderten, prähistorischen alten Knacker und kam beinahe zu dem Entschluß, ihm bei seiner hirnverbrannten Suche nach dem Tod zu helfen. Dann verfiel ich ins andere Extrem – ich liebte ihn beinahe so sehr wie er seinen sonderbaren Gott. Ich bildete mir ein, er sei die Mutter, die Carnival für mich nie wirklich gewesen war, und meine Welt werde keinen Sinn mehr haben, wenn er tot war. Beide Reaktionen waren natürlich unsinnig; der alte Lester war einfach eine Person. Er war ein bißchen verrückt und ein bißchen ein Heiliger und kaum eine Person, die man nur entweder lieben oder hassen konnte. Es war der Tod, der mich im Kreis herumtrieb: die unheimliche Skelettfigur im schwarzen Mantel, von der Lester uns mitten aus seinem Aberglauben heraus erzählt hatte.

Nachdem er sich stundenlang nicht bewegt hatte, öffnete er ein trübes Auge.

»Mach das nie«, sagte er. »Du solltest das nie machen. Dich mein' ich, Halo. Laß dir nie eine Verwandlung machen. Du bist immer ein Mädchen gewesen, solltest immer eins bleiben. Der Herr hat es so gewollt.«

Halo warf mir rasch einen Blick zu. Sie weinte, und ihre Augen sagten: ›Daß du kein Wort verrätst. Laß ihn das glauben.‹ Sie hätte sich keine Sorgen zu machen brauchen.

Dann begann er zu husten. Blut rann von seinen Lippen, und sofort, als ich das sah, wurde ich ohnmächtig. Ich glaubte, er werde buchstäblich auseinanderfallen und zu einem grauenhaften grünen Schleim werden, den ich mir nie mehr würde abwaschen können.

Halo ließ nicht zu, daß ich wegblieb. Sie ohrfeigte mich, bis meine Ohren dröhnten, und als ich wach war, gaben wir auf. Vor *dem* hier konnten wir keine sinnvolle Entscheidung treffen. Wir mußten sie anderen überlassen.

Und so befand ich mich ein wenig später über dem Pol und gelangte in die Reichweite der äußersten Sender des HC.

»Ah, die schwarzen Schafe kehren zurück«, sagte der HC in überlegenem Tonfall. »Ich muß sagen, ihr habt den üblichen Aufenthalt auf der erdzugewandten Seite überschritten, ja sogar . . .«

»*Halt den Mund!*« schrie ich. »Du hältst jetzt den Mund und hörst mir zu. Ich will eine Verbindung mit Carnival, und zwar *sofort*, äußerste Dringlichkeitsstufe, Notfall. Beeil dich!«

Der HC war ganz Sachlichkeit, ließ das Programm ›An Eltern-statt‹ auf sich beruhen und arbeitete mit der erstaunlichen Geschwindigkeit, die er in einem Notfall aufbringen kann. Nach drei Sekunden war Carnival mit mir verbunden.

»Fox«, sagte sie. »Ich will das nicht gleich auf eine schlechte Basis stellen, darum danke ich dir als erstes dafür, daß du mir Gelegenheit gibst, es mit dir direkt zu klären. Ich habe einen Familien-Schiedsmann beauftragt und möchte, daß wir uns bei ihm getrennt zu der Verwandlung äußern, die du haben willst, und ich bin bereit, mich seiner Entscheidung zu fügen. Ist das fair für den Anfang?« Es klang besorgt. Ich wußte, daß dahinter Zorn lag – wie immer –, aber sie meinte es aufrichtig.

»Darüber können wir später reden, Mama«, schluchzte ich. »Jetzt mußt du als erstes zum Landefeld, so schnell du kannst.«

»Fox, ist Halo bei dir? Geht es ihr gut?«

»Es geht ihr gut.«

»Ich bin in fünf Minuten da.«

Es war natürlich zu spät. Der alte Lester war kurz nach meinem Start gestorben, und Halo war fast zwei Stunden lang mit einer Leiche allein gewesen.

Sie nahm es ruhig auf. Sie umarmte mich und Carnival gleichzeitig, während sie uns erklärte, was zu geschehen hatte, und brachte uns sogar dazu, ihr zu helfen. Wir begruben ihn, wie er es gewollt hatte, auf der Oberfläche, an einer Stelle, die stets im Licht der alten Erde liegen würde.

Carnival wollte mir nie verraten, was sie getan hätte, wäre er bei ihrer Ankunft noch am Leben gewesen. Es war eine Frage der Ethik, und wir beide sind in dieser Beziehung stets ganz entschiedener Meinung. Aber ich vermute, daß wir diesmal einig gewesen wären. Der Wille des einzelnen muß geachtet werden, und wenn ich wieder mit ihm zu tun bekomme, weiß ich, was ich machen muß. Glaube ich.

Ich bekam meine Verwandlung ohne Familien-Schiedsspruch. Ein bißchen Verstand sollte man mir schon zutrauen; wäre unser Fall je vor einen Familien-Schiedsmann gekommen, ich bin sicher, er hätte eine Scheidung empfohlen. Und das wäre arg gewesen, denn so schwierig Carnival auch sein mag, ich liebe sie und brauche sie noch die wenigen weiteren Jahre, in denen ich noch nicht so erwachsen sein werde, wie ich ursprünglich dachte.

Es wunderte mich eigentlich auch gar nicht, daß Carnival mit der Verwandlung recht hatte. Eine Lunation danach war ich wieder männlich, dann weiblich, männlich – hin und her, ein ganzes Jahr lang. Das hat keinen Sinn. Jetzt bin ich weiblich, und ich glaube, ich werde ein paar Jahre dabei bleiben und einmal sehen, wie es damit beschaffen ist. Ich bin weiblich geboren, muß man wissen, blieb aber nur zwei Stunden bei diesem Geschlecht, weil Carnival einen Jungen wollte.

Und Halo ist ein Mann, so daß wir uns ideal ergänzen. Wir haben festgestellt, daß wir uns als Gegensätze besser verstehen denn als Jungen. Ich denke daran, in ein paar Jahren mein Kind zu bekommen, mit Halo als Vater. Carnival meint, wir sollten noch warten, aber ich glaube, diesmal habe ich recht. Ich bin immer noch der Meinung, unsere Schwierigkeiten beruhen zum größten Teil auf ihrer Unfähigkeit, sich nicht an die rasch verfliegende Gegenwart erinnern zu können, in der ein Kind lebt. Dann kann Halo ihr Kind haben – ich wäre geschmeichelt, wenn sie mich als Vater nehmen würde – und ...

Wir ziehen zur erdzugewandten Seite. Halo und ich, meine ich, und Carnival und Chord überlegen es sich. Ich glaube, sie werden auch gehen, und sei es nur, um Adagio zum Schweigen zu bringen.

Weshalb wir hingehen? Ich habe lange darüber nachgedacht. Nicht wegen dem alten Lester. Ich rede ungern häßlich von ihm, aber er war unbestreitbar ein Narr. Ein Narr mit Würde und der Kraft seiner Überzeugungen, ein liebenswerter alter Narr, aber trotzdem ein Narr. Es wäre albern, davon zu reden, ›seinen Traum weiterzutragen‹ oder irgend etwas in der Art zu meinen, was offenbar Halo bewegt.

Aber zufällig stimmen sein Traum und der meine ziemlich genau überein, wenn auch aus unterschiedlichen Gründen. Er konnte es nicht ertragen, die erdzugewandte Seite ganz aufgegeben zu sehen, und zwar aus Angst, die der neuen menschlichen Gesellschaft galt. Deshalb wurde er Einsiedler. Ich möchte einfach deshalb hin, weil meine Generation keine Angst mehr zu haben braucht, und weil man dort sehr viel Platz hat. Wir werden auch nicht allein sein. Wir sind nur die Vorhut, aber die Zeit, sich in den Gängen der erdabgewandten Seite zu verkriechen und die alte Erde zu übersehen, ist vorbei. Die Menschheit ist von der Erde gekommen, und sie hat uns gehört, bis sie uns weggenommen wurde. Um die Wahreit zu sagen, ich habe mir schon überlegt, ob die fremden Wesen wirklich so unbesiegbar sind, wie die alten Geschichten behaupten.

Das ist wirklich ein wunderhübscher Planet. Ob wir eines Tages vielleicht sogar zurückkehren können?

Illustrationen von Gerd Striepecke

HARRY HARRISON ist einer der wenigen Autoren, denen es gelingt, humorvolle, abenteuerliche SF-Geschichten zu schreiben.

1925 in Stamford, Connecticut, geboren, wanderte er vor einigen Jahren mit seiner Familie nach Irland aus. Bevor er 1951 zur SF als Autor kam, arbeitete er als Comic-Zeichner, Werbegraphiker und Buchillustrator. Harrisons Werk umfaßt heute über 30 Bände.

Die folgende Geschichte befaßt sich mit dem Thema »Arbeitswelt« – aber, wie von Harrison nicht anders zu erwarten, mit phantastischen Zukunftsaussichten. »Der EWG zur Warnung« ist Harrisons Exklusivbeitrag zu diesem Band.

Harry Harrison

Der EWG zur Warnung

»Draußen ist ein Neuer, der Arbeit sucht«, sagte Pierre. In der linken Gesichtshälfte hatte er einen Tic, der beim Reden schneller zuckte, so daß sein kleiner, gezwirbelter Schnurrbart eifrig auf und ab hüpfte.

»Schmeiß ihn raus«, knurrte Dieter, während er Zahlen – alle mit einem Minuszeichen davor – in seinen Elektronenrechner tippte. »Hier wird keiner eingestellt, nicht genug Arbeit, keine Gewinne . . .«

Er wurde unterbrochen von einem heiseren Schrei in der Fabrikhalle, durch die geschlossene Tür und über dem Brummen der Maschinen mühelos zu hören.

»Sag ihm, er soll warten«, erklärte Dieter. »Das scheint der Türke gewesen zu sein.«

Pierre kehrte ins Vorzimmer zurück, wo Signorina Cacciola an ihrer Schreibmaschine beschäftigt war und den jungen Mann, der regungslos auf dem Stuhl mit der kaputten Lehne saß, nicht beachtete.

»Sie müssen warten«, sagte Pierre. »Wie heißen Sie?«

»Lod.«

»Klingt polnisch. Sind Sie Pole?«

»Nicht Pole.«

»Vorname? Nachname?«

»Ein Name.«

»Wunderbar. Also, Lod, während Sie warten, können Sie das Formular hier ausfüllen.«

»Schreib' nicht so gut.«

Pierre sah den jungen Mann von oben bis unten an, registrierte die klaren blauen und schlichten Augen, die schwieligen Hände und die muskelbepackten Oberarme. Er rieb raschelnd seine trokkenen Hände, und im Takt mit seinem Tic zuckte ein Lächeln um seine Mundwinkel.

»Keine Sorge, reine Formalität. Ich fülle das für Sie aus. Haben Sie Ihren Paß mitgebracht?«

»Verloren.«

Das Lächeln wurde breiter.

»Und jetzt lassen Sie mich raten – Sie haben keinen festen Wohnsitz.« Lod nickte langsam. »Auch Nebensache. Sie brauchen sich darüber den Kopf nicht zu zerbrechen.«

Die Tür ging auf, und Dieter steckte den Kopf herein. Sein Gesicht wirkte düster.

»Das war nicht der Türke, sondern der Jugoslawe. Ist mit der Hand in die Hydraulikpresse geraten. Und der da?«

»Er ist wegen seiner ungewöhnlichen Verhältnisse bereit, für die Hälfte des Mindestlohns zu arbeiten. Richtig, Lod?«

Selbst der ernstgestimmte Dieter lächelte, wobei seine mächtigen Halsmuskeln anschwollen, als der junge Mann nickte.

»Braver Junge. Man muß das Eisen schmieden, solange es heiß ist, Lod«, sagte Dieter und riß die Tür weit auf. »Kommen Sie rein, dann zeige ich Ihnen, was Sie zu tun haben.«

Lod mochte mit dem Schreiben seine Schwierigkeiten haben, aber die Handgriffe seiner Tätigkeit lernte er blitzschnell. Nicht, daß sie so schwierig gewesen wäre. Die Firma Babin & Badstieber, als Subunternehmer im Geschäft, stellte Bauteile in kleinen Mengen her, die eine Großfirma nur bei negativer Kostennutzenrechnung hätte produzieren können. Zur Zeit fertigte man zwölftausend Bremstrommelverschlüsse für einen Hersteller von Autoteilen. Dieter saß an der hydraulischen Presse – der Sitz war noch warm vom Gesäß des verletzten Jugoslawen – und schaltete die Maschine ein. Mit der rechten Hand zog er das Metallstück aus den Kiefern der Presse und warf es in die Kiste auf der rechten Seite. Gleichzeitig zog er aus dem Kasten an der linken Seite einen neuen Verschluß und schob ihn mit der linken Hand in die Maschine. An ihrer Vorderseite gab es zwei Knöpfe, die man mit beiden Händen gleichzeitig bedienen mußte. So sollten Unfälle ausgeschlossen werden. Dem Arbeiter vorher war es trotzdem gelungen, sich die Hand zu zerquetschen. Die Presse sauste mit einem Ruck herunter und öffnete sich wieder. Dieter wiederholte den Arbeitsvorgang.

»Glauben Sie, daß Sie das können?« fragte er.

»Geht schon.«

Lod hatte recht. Er machte es schon beim erstenmal richtig. Er begann ganz langsam, nahm den Verschluß vorsichtig heraus und warf ihn in den Behälter, während er das neue Werkstück einsetzte, die Presse in Gang brachte. Er wiederholte den Vorgang ein wenig schneller, dann noch einmal und noch einmal, jedesmal schneller, bis man seinen Bewegungen kaum noch folgen konnte. Nach einer Minute richtete er seine schlichten blauen Augen auf die Beobachter.

»Maschine langsam. Läßt Lod warten. Geht nicht schneller?«

»Sie haben eine große Zukunft in diesem Betrieb vor sich, mein Junge«, sagte Dieter und klopfte auf seine eisenharte Schulter, bevor er sich daranmachte, die Geschwindigkeit der Maschine zu steigern.

Binnen einer Woche war Lod der wertvollste Arbeiter im Betrieb. Als der Grieche ein Telegramm erhielt, das ihn wegen eines Todesfalls in der Familie nach Hause rief, wurde der Mann nicht ersetzt. Der lächelnde Lod erklärte sich bereit, die zusätzliche Arbeit in Überstunden auszuführen.

»Eine Perle«, sagte Dieter und trug etwas ins Hauptbuch ein, bevor er es in der Geheimschublade des Schreibtisches wegsperrte. Er holte ein Kontobuch heraus und blätterte in den roten Zahlen. »Wir werden in diesen Büchern vielleicht sogar Überschüsse ausweisen müssen, wenn er so weitermacht.«

»Nicht ordinär werden«, zischte Pierre. »Als nächstes behauptest du noch, wir sollten anfangen, Steuern zu zahlen ...«

»Sprich so etwas nicht aus!« ächzte Dieter. Er ließ die Faust hinausschnellen, Kleiner und Zeigefinger vorgereckt, um das Unheil abzuwenden. »Das ist gar nicht komisch. Ich wollte nur sagen, daß dieser einzelne Arbeiter sich schon auf unsere Gewinnmarge auswirkt. Und der alte Spanier scheint bald in den

Ruhestand zu gehen. Wenn wir ihn nur durch einen zweiten Lod ersetzen könnten.«

Wenn Lod fähig gewesen wäre, durch massive Mauern hindurch zu hören, hätte er nicht schneller reagieren können. Er öffnete die Tür, die den Fabriksaal mit dem Büro verband, und beugte sich herein.

»Mein Freund Ped kommen bald. Brauchen Arbeit.«

»Hat Arbeit, mein Junge«, sagte Dieter strahlend. »Bringen Sie ihn mit – und jetzt wieder an die Arbeit.«

Die Tür fiel zu, und die beiden Direktoren umarmten sich in einer Aufwallung gewinnfreudiger Begeisterung herzlich. Sie holten die Kognakflasche heraus und stießen auf ihr Glück an.

Lods Freund Ped mußte ein enger Verwandter sein, weil er denselben Haarschopf und die gleichen leeren, blauen Augen hatte. Von den ebenso schwellenden Muskeln ganz zu schweigen. Lod erklärte die Arbeit in kehligem Gemurmel, das nur die beiden verstehen konnten. Pierre und Dieter widmeten sich wieder dem Kognak und beugten sich lächelnd und keckernd über ihre Bücher.

Die beiden jungen Männer arbeiteten mit unmenschlicher Präzision und Geschwindigkeit. Sie wurden nie müde, und die Nacht war für sie wie der Tag, die Siebentagewoche Norm. Als erster wurde der Albaner gefeuert. Anschließend kam der Libyer, der die Zeichen an der Wand deutlich lesen konnte, eines Morgens nicht zur Arbeit. Aber während die Belegschaft abnahm, steigerte sich die Produktion ständig, und für das Büro wurde eine neue Flasche Kognak gekauft.

Vielleicht hatte Pierre für die Tageszeit einen zuviel getrunken, als er an jenem schicksalhaften Morgen aus dem Büro trat und in die Fabrikhalle schlenderte. Er rutschte aus, verlor das Gleichgewicht und hielt sich an Lods Schulter fest. Die hydraulische Presse sauste herunter. »Merde . . .« stieß Pierre hervor und blickte hinunter, als die Maschine einen anderen Klang bekam.

Lod arbeitete so schnell und geschickt weiter wie bisher, obwohl er an der linken Hand nur noch vier Finger hatte. Die herabfallende Presse hatte ihm den kleinen Finger abgetrennt. Es war kein Blut zu sehen. Pierre blinzelte, zuckte und bückte sich, um den Finger vom Boden aufzuheben. Er streifte die Metallspäne ab und starrte ihn prüfend an. Unter der dünnen – und blutleeren – Außenhautschicht bestand der Finger aus schimmerndem Metall.

»Wozu glotzt du so?« fragte Dieter im Vorbeigehen.

»Dieser ... dieser Finger ...« stammelte Pierre. »Er ist aus Metall. Lods Finger, aus Metall ...«

Dieter packte ihn und betrachtete ihn mit finsterem Gesicht.

»Lod, haben Sie eine Metallhand?« fragte er.

»Ja.« Lod antwortete, ohne sich umzudrehen oder die Arbeit zu unterbrechen.

»Das haben Sie uns verschwiegen. Sie sind körpergeschädigt.« Ein genialer Gedanke überkam ihn. »Die Versehrten erhalten weniger Lohn als andere Arbeiter, wußten Sie das?«

»Gut. Lod bekommt weniger bezahlt.«

Pierre beließ es nicht dabei. Er holte sich den Finger zurück, untersuchte ihn genau und sah Lod an.

»Hören Sie mit der Arbeit auf«, befahl er. »Umdrehen.«

Lod gehorchte. Pierre beugte sich vor und starrte in seine Augen. Lod regte sich nicht.

»Zeigen Sie mir die andere Hand«, befahl Pierre.

Hinter dem Rücken hielt er eine Blechschere versteckt. Als der Arbeiter vertrauensvoll die Hand ausstreckte, beugte Pierre sich vor und schnitt ihm den Daumen ab. Lod zuckte nicht.

»Noch eine Metallhand?« fragte Dieter verwundert. »Was soll das?«

Pierre hieb mit der schweren Schere auf Lods Brustkorb ein. Es polterte dumpf.

»Metall«, flüsterte Pierre. »Er ist ganz aus Metall ...«

Dieter schaute sich hastig um. Ped war der einzige Arbeiter in Hörweite und ließ sich in seiner Beschäftigung nicht stören. Keiner der anderen Arbeiter schien etwas bemerkt zu haben.

»Ins Büro«, zischte Dieter.

Erst als die Tür sich hinter den dreien geschlossen hatte, erhob er wieder die Stimme.

»Also, einer von euch wird mir jetzt erklären, was, zum Teufel, hier vorgeht – und zwar schnell.«

»Er ist aus Metall – *ganz* Metall!« rief Pierre. Dann riß er die Augen auf und ächzte. »Metall. Ganz Metall. Ein Mensch aus Metall. Ein *Roboter!* Lod, jetzt nicht lügen – heraus damit – sind Sie – bist du ein Roboter?«

Die Stille dauerte, bis Lod langsam nickte.

»Ja. Lod Roboter. Keinem sagen.«

Pierre klopfte ihm freundschaftlich auf die eine Metallschulter, während Dieter kräftig die andere bearbeitete.

»Keine Sorge, mein Sohn, ich meine, mein Roboter, dein Geheimnis ist bei uns sicher. Und jetzt erzähl uns alles.«

»Lod Experiment gewesen. Gemacht in geheime Labor. Dann große Unfall Explosion bumm. Männer tot. Lod geht gut. Zieht an Kleider von Leiche und geht fort. Geht lange. Geht über viele Grenzen, wo Stacheldraht, Männer schießen Waffen, Lod laufen. Lange Zeit.«

»Du weißt nicht zufällig, in welchem Land genau du gemacht worden bist, wie?« fragte Dieter mit übertriebener Beiläufigkeit.

»Lod nicht wissen, was Land bedeuten . . .«

»Zerbrich dir nicht den Kopf, mein kleiner Roboter«, sagte Pierre. »Es gibt so viele Länder, da sollten wir unsere Stahlhirnchen nicht anstrengen. Und ist dein Freund, der tüchtige Ped, zufällig etwa auch ein Roboter?«

»Ped auch Roboter. Lod einsam. Keine Maschinenfreund zum Reden. Hydraulikpresse nicht groß gesprächig. Setzen Ped einmal nachts zusammen. Ist gute Freund.«

»Einmal nachts. Zusammensetzen . . .« Dieters Unterkiefer klappte herunter, und er sah im sich dehnenden Lächeln auf Pierres Gesicht seinen eigenen Ausdruck gespiegelt. »Könntest du noch mehr Roboter machen?«

»Sicher. Leicht. Mehr Freund.«

»Achtung! Achtung!« sagte Dieter ins Mikrophon, das mit der Lautsprecheranlage verbunden war. »Wegen der Rezession und den geschäftlichen Rückschlägen ist dieses Unternehmen zahlungsunfähig. Alle Beschäftigten mit Ausnahme von Ped, der den Boden fegen muß, sind fristlos entlassen. Sie können jetzt gehen. Melden Sie sich morgen früh neun Uhr zum Erhalt der letzten Lohntüte. Vielen Dank und auf Wiedersehen.«

Die Fabrikhalle leerte sich unter hallendem Lärm. Weit und breit war nur Ped zu sehen, der den Boden fegte.

»Stell den Besen hin und komm her«, befahl Pierre.

Die Maschine ließ den Besen fallen und stapfte heran.

»Wir wissen alles«, sagte Dieter. »Lod hat es uns mitgeteilt. Du bist ein Roboter.«

»Lod recht. Er mich machen.«

»Wunderbar!« Laute Geräusche entstanden, als Pierre sich eifrig die Hände rieb. »Können wir, da er dich gemacht hat, davon ausgehen, daß ihr beide noch mehr Roboter machen könnt?«

»Ja, Chef. Brauchen nur Schrott und Teile, wie da liegen.«

»Wir zweifeln keinen Augenblick daran«, erklärte Dieter, der sich die Hände im Takt mit Pierre rieb. »Aber warum zeigt ihr uns nicht einfach, wie ihr das macht?«

Die Roboter arbeiteten wie Maschinen. Sie stürzten sich auf den Haufen alter Bauteile, mit so schnellen Handbewegungen, daß ein menschliches Auge sie nicht verfolgen konnte. Sie hämmerten und sägten, und kurze Zeit surrte die Drehbank. Einer braute auf dem Ofen eine chemische Mixtur, während der andere blitzschnell die Teile und Stücke zusammenmontierte. Ein dritter Roboter entstand vor den herausquellenden Augen der beiden Chefs. Als er montiert war, strichen die Hersteller rosarote Paste aus dem Kochtopf darüber, die sehr rasch zu lebensähnlichem Pseudo-Fleisch gerann.

»Neue Roboter«, sagte Lod. »Muß jetzt Hirn für ihn machen. Dauert länger. Zehn Minuten.«

»Keine Eile!« sagte Pierre. »Laßt euch Zeit. Keine Fehler. Wollt ihr nicht, wenn ihr gerade dabei seid, noch ein paar Freunde mehr machen? Und Gehirne dazu?«

»Klar, Chef. Mehr Freunde.«

»Mehr Freunde, und ob!« Dieter unterbrach sein Händereiben, um auf die Uhr zu blicken. »Es wird spät. Da die Fabrik geschlossen ist, könnt ihr die neuen Freunde ja gleich machen.

Porschka '81

Beschäftigt euch die ganze Nacht. Amüsiert euch. Wir kommen morgen früh wieder und nehmen alles in Betrieb.«

»Gut, Chef. Fabrik morgen wie wild arbeiten.«

»Schön, großartig!« Die beiden Eigentümer strahlten glücklich und zufrieden. Sie schüttelten sich begeistert die Hände, während Visionen von Mark, Franc, Pfunden und Dollars in ihren Köpfen tanzten. »Wir sehen uns morgen. Was für eine großartige Zukunft wird das werden!«

Die beiden Roboter blieben stehen, als die beiden Menschen gingen. Blieben stehen, bis das Tor der Fabrikhalle zufiel.

»Sie sind fort«, sagte Lod.

»Alles läuft nach Plan«, gab Ped zurück. »Ihre Habgier ist so extrem, wie wir wußten.«

Er streckte die Hand aus, packte Lods linkes Ohr, drehte es und zerrte daran. Es diente als Griff, um eine Tür seitlich am Schädel des Roboters zu öffnen.

Ein kleines und außerordentlich abstoßendes Wesen trat aus dem Schädel. Es war grün und schleimig, hatte sehr viel rote Knopfaugen und eine Reihe von Greifarmen mit Saugnäpfen. Es war stämmig und sehr stark. Es sprang auf den Boden, daß es krachte, lief zu dem neu fertiggestellten Roboter und kletterte an dessen Leib hinauf zur Schulter. Dort griff es nach oben, drehte das Ohr und betrat den Schädel. Einen Augenblick später regte sich der neue Roboter und stand auf.

»Verständigt das Raumschiff, daß es heute nacht hier landen soll«, sagte der Roboter. »Zweitausend von uns sind an Bord. Der Heimatplanet soll noch Verstärkung schicken. Eine Million, fünf Millionen, noch mehr. Wir schlagen erst zu, wenn wir vorbereitet sind. Was sagten die Menschen zuletzt?«

»›Was für eine großartige Zukunft wird das werden!‹«

»Wahr. Sehr wahr.« Das Metallgesicht konnte nicht lächeln, aber die Worte verrieten Siegesgewißheit und Freude.

»Wahrhaftig eine großartige Zukunft!«

»Aber – für *wen?*«

Illustration von Klaus Porschka

BARRY N. MALZBERG, 1939 in New York geboren, wird zusammen mit Michael Moorcock oft als ›Enfant terrible‹ der SF bezeichnet. Er war in seinem Leben in etwa einem Dutzend Berufen tätig, schrieb zwischendurch auch Pornoromane und stand schon mehrmals kurz vor dem finanziellen Ruin.
Seine erste SF-Geschichte verkaufte er 1968, und sein Werk umfaßt inzwischen über 30 Bände. Bekannt und geschätzt ist er wegen seiner apokalyptischen, stilistisch ausgefeilten Schreibweise – ein ›SF-Theater des Absurden‹, wie ein Kritiker einmal einen seiner Romane bezeichnete. 1976 kehrte Malzberg der SF den Rücken, angeblich waren ihm die Grenzen des Genres zu eng geworden. Als ihn 1981 der Brief erreichte, der ihn einlud, eine Exklusivgeschichte für diesen Band zu verfassen, kehrte er nach 5 Jahren der Nicht-SF wieder den Rücken und schrieb im Januar und Februar 1981 die folgende Erzählung.

Barry N. Malzberg

Aus für Anderson

Er wird mit überwältigendem Vorsprung zum Präsidenten der Vereinigten Staaten gewählt. Ein politisches Mandat. Achtundfünfzig Prozent der Wählerstimmen, fünfhundertzwölf Wahlmänner. Unerklärlicherweise siegt sein Gegner in North Dakota. Am Tag nach der Wahl in der riesigen Zimmersuite erklärt Bitters jubelnd, als erstes werde die neue Administration es diesen Hinterwäldlern zeigen.

Anderson betrachtet ihn spöttisch. »Ich will niemand bestrafen.«

»Na, was ist denn?« sagt Bitters. »Verstehen Sie keinen Spaß mehr?«

»Ich hege die düstere Vorahnung, daß wir auf diesen betrüblichen Augenblick bald wie auf eine goldene Zeit der Freiheit des Handelns und Denkens zurückblicken werden. Man spürt die Stahlsehnen des Tigers, eine asketisch ›moralische‹ und autoritäre Herrschaft von Frömmigkeit und Terror.«

Robert Lowell 1967

Dem Ende entgegen. Jedermann weiß, daß es jetzt um die Entscheidung geht, daß das der Zeitpunkt ist, in dem sich zeigt, wer ein Mann ist. Es ist Zeit für Größe. Letzter Spielabschnitt, auf der Zehn-Yard-Linie, auf der Stadionuhr noch sechsunddreißig Sekunden, keine Auszeiten mehr, das Spiel unentschieden. Anderson steht geduckt in der Mitte, die Augen hellwach, sein Brustkorb hebt und senkt sich vor Erregung, die schneidende Kälte im Inneren verwandelt sich in Wärme, jedes Ausatmen wahrhaftig ein Feuerstoß. Er hat sich nie so lebendig gefühlt wie in diesem

Augenblick, wo er in Wahrheit tot ist, bekommt den Ball, läuft los und sieht den Abwehrspieler unbehindert daherschießen, heranrasen, die Augen weit aufgerissen. Anderson stößt einen Laut des Staunens aus und holt mit dem Ball zu einem Verzweiflungspaß aus, versucht ihn trotz allem in die Endzone zu befördern, aber sein Fuß rutscht weg, und noch bevor der Abwehrspieler ihn rammt, spürt er, wie er auf den harten Astrorasen stürzt, und dann wirft der Mann sich keuchend auf ihn.

Während schon das Schlußsignal ertönt, wird Anderson nicht nur das Spiel, sondern alles Sein aus sich herausstürzen. Er hat gewußt, daß es sehr schwer sein würde, konnte aber nicht ahnen, daß es so sein mußte. Nicht ganz. Getöse umgibt ihn, während er in einer Spirale davonstürzt. Aus, Ende. Spiel entschieden. Im Koma hört er Motoren.

Anderson, der aus einem nicht erinnerten Traum der Verlorenheit erwacht, plant seine Schritte, betrachtet sein Schicksal, dann öffnet er die Augen, um an den strahlenden Putz der Decke zu blicken, während seine Frau sich über ihn wälzt. Das ist nicht typisch für Sylvia. Keck, fordernd, ergreift sie von ihm Besitz. Resigniert geht er darauf ein. Außenpolitik, Geschenk. Füllhalter nach dem Unterzeichnen von Gesetzen, die Freiheitsmedaille, Staatsbankette, es ist nur eine Amtspflicht mehr.

Sylvia ist Feuer und Flamme durch den Gedanken, einen Präsidenten zu berühren – sie hat nie soviel Interesse an dem Akt gezeigt wie in diesem letzten Jahr. Anderson tut, was er kann, leistet, was geht, spricht Amtseide, macht, was er muß, hält sich. Er ist ein Mann der Mitte. Sylvia sinkt lallend auf ihm zusammen. Anderson registriert seinen eigenen Abschluß und denkt an Interkontinentalraketen, während er zuckend, geistesabwesend, seinen eigenen Höhepunkt erlebt.

Anderson zündet sich ruhig eine Zigarette an und bläst das Streichholz aus, wirft es weg, inhaliert, drückt dann mit einer lässigen Bewegung die Schwingtüren des Circle-Saloons auf und geht hinein. In der Dunkelheit stehen die beiden Lamp-Brüder

und funkeln ihn böse an, die Hände an den Revolverhalftern. Hinter ihnen auf der verlassenen Bar stehen halbgeleerte Whiskeyflaschen. Der Barmann ist in Deckung gegangen, die Gäste, keine Dummköpfe, sind zu einem Nebeneingang hinausgeschlichen.

»Also«, sagt Anderson, »jetzt ist es soweit. Einer nach dem anderen oder beide auf einmal, wie ihr wollt.«

»Schmeck Blei«, sagt Tom, der ältere. Seine Waffe liegt schußbereit in der Hand, als Andersons Geschoß sein Handgelenk trifft. Tom Lamp schreit auf und stürzt zu Boden. Sein 38er poltert auf die ungehobelte Bartheke.

»Der nächste«, sagt Anderson, den Hahn gespannt, auf Charles zielend. Der hochgewachsene Lamp starrt ihn an; seine Augen irren ab, seine Entschlossenheit wankt. Langsam hebt er die Hände.

»Also mit den Fäusten«, bietet Anderson an. »Draußen vor dem Saloon. Gehen wir.«

Tom liegt am Boden und wimmert.

»Hören Sie«, sagt Charles behutsam, »wir wollen hier keinen Ärger. Sie sehen uns ganz falsch.«

»Nicht falsch, aber erledigt«, sagt Anderson. Er steckt seine Waffe ein. »Okay?« sagt er. »Irgendein Streit?«

»Ich habe nichts damit zu tun«, sagt Charles Lamp. »Tom hat mich einfach mitgebracht. Ich hab' nichts gegen die Stadt hier und geb' das ganz ehrlich zu. Alles, was die Stadt vorhat, ist mir recht, also.«

»Ach, halt's Maul«, stößt Tom schwach hervor, »du steckst bis zum Hals mit in der Sache. Ich verblute hier, wenn ihr nicht aufhört, zu quatschen, statt mich zum Arzt zu bringen.«

»Sie können anderswo zum Arzt gehen«, sagt Anderson. Er wirft seine Zigarette auf den Boden und zertritt sie überlegt mit einer Drehbewegung. Keine Brände, wenn der Marshal da ist. »Steh'n Sie auf.«

Charles wendet sich ab und zieht die Schultern hoch. Tom, immer noch am Boden, beginnt zu würgen und erbricht sich grell.

»Legen Sie ihn auf ein Pferd und schaffen Sie ihn weg«, sagt

Anderson. »Drüben in Bluff City, zwanzig Meilen westlich von hier, gibt es einen Arzt. Sie sollten ihn hinbringen können, bevor er das Bewußtsein verliert, wenn Sie sich beeilen.«

In beiden Lamps ist keine Auflehnung mehr. Charles nickt, bückt sich, reißt Tom hoch und schleppt ihn an Anderson vorbei durch die Schwingtüren hinaus. Anderson behält sie wachsam im Auge und tritt zu ihnen, als sie ihre Pferde satteln. Tom tut das ungeschickt, in Beterhaltung. Charles bindet die Pferde los.

»Dann ein andermal, Anderson«, sagt Tom schwach. »Damit ist der Fall noch nicht erledigt.«

»Halt den Mund«, sagt Charles und hilft ihm beim Aufsteigen. »Nimm lieber die Zügel, damit wir hier wegkommen.«

»Ich hatte mir mehr erhofft von euch«, sagt Anderson bedächtig. »Das nächstemal vielleicht ein bißchen mehr Mumm, was?«

»Vielleicht«, sagt Tom. »Nichts hat je ein Ende. Es wiederholt sich. Es geht immer weiter.«

»Halt in Gottes Namen den Mund«, sagt Charles. »Nichts wie weg hier, Mensch.«

»Man kann nirgends hin«, sagt Tom. Er scheint dem Delirium nahe zu sein. »Wo wir auch hingeh'n, wir müssen zurück und neu anfangen. Es sei denn, wir sterben dran, Charlie. Vielleicht mach' ich das.«

»Ist nicht so leicht«, sagt Charles. Er funkelt Anderson an. »Wird für Sie auch nicht so leicht sein. Das'n hartes Land.« Anderson starrt ihn ausdruckslos an, zeigt dem Gesetzlosen seine innere Kraft, und Charles Lamp senkt den Blick, hustet, schüttelt den Kopf, besteigt sein Pferd, ergreift den Haltestrick des anderen und reitet langsam davon. Er blickt sich nicht um.

Die Hände in die Hüften gestemmt, den Revolver am Zeigefinger baumelnd, sieht Anderson ihnen nach, bis sie Tombstone verlassen haben. Ihre Gestalten und die Pferde schrumpfen zu kleinen, dichten Dunkelpunkten, die schließlich mit der Landschaft verschmelzen, so daß er für ewig und wie immer allein ist. Sehr bald wird es Zeit sein, sich umzudrehen und der stummen Menge zu stellen, die sich, wie er weiß, hinter ihm versammelt hat, um ihm zu huldigen, aber in diesem Augenblick braucht

Anderson sie nicht, hat das alles gar nicht nötig, braucht nur die stolze und schreckliche Einsamkeit, die ihm mit der Rolle, die er so demütig, aber mit Anmut übernommen hat, auferlegt worden ist.

Die Vorhut des Rächers.

Vor einigen Jahren ist Anderson langsam klargeworden, wie ihm alles davonrinnt, nicht nur seine Laufbahn, die ihm seit vielen Jahren langsam genommen worden ist, sondern sein innerstes Sein. Das ganze Leben hindurch, in den großen Zeiten wie in den Jahren des Leids, ist er, wie die meisten von denen, die er kannte, durch den Glauben aufrechterhalten worden, das Schicksal sei gutgesonnen, das Leben ein Urteilsspruch mit Sinn, und es könne nichts so Schreckliches geschehen, daß es nicht im letzten Augenblick Erlösung bieten werde.

Aber das Jahrzehnt hat diesen Glauben erschüttert. Es hat ihn grundlegend erschüttert, Schock, Implosion, das Gefühl, alles stülpe sich um. Und es hatte eine Zeit gegeben, sie mußte Jahre gedauert haben, als Anderson sich dabei ertappt hatte, den Sinn aller Dinge in Zweifel zu ziehen, als Lähmung ihn wie mit einem Mantel umhüllte und er lange Zeit hindurch unfähig gewesen war, etwas anderes als die einfachsten Dinge hinter sich zu bringen. Sex, Schlafen, Foren, Tagungen. Er war nie ein nach innen gekehrter Mensch gewesen – aber er war bei weitem nicht so dumm, wie es viele von ihm glaubten; das war sein Geheimnis und seine Stärke – es war schwer damit umzugehen gewesen, wie mit einem unbekannten, gefährlichen Virus, der sich am Rand der Vernunft festgefressen hat.

Es waren die Unruhen, der Krieg, die einkreisende Qual und Bestürzung, der furchtbare, sich einnistende Zorn in diesem Land, das er liebte und dem er sein Leben und Trachten gewidmet hatte. Anderson bekam es nicht in den Griff. Gewiß mußte es an den Zeiten und konnte nicht an ihm selbst liegen, denn dies hätte der schönste Abschnitt seines Lebens sein müssen. Sylvia und er kamen gut miteinander aus, er hatte die Reisen und die Parteiversammlungen, körperlich mochte er nicht mehr ganz das sein, was er gewesen war, in Menschenmassen ein wenig unsicher, vielleicht, im Bett nicht mehr so siegessicher, wie er es einmal für selbstverständlich gehalten hatte, aber das Gefühl des Verfalls, der sich von innen heraus fortzupflanzen schien, hing mit der Politik zusammen.

Sie betrachteten alles Anständige, alles, wofür er sich einsetzte, als Dreck, und es war zu simpel, einfach zu behaupten, sie wären Marionetten der Kommunisten. Das stimmte ganz und gar nicht. Anderson kannte inzwischen die Wahrheit; die Kanäle zu den Roten – daran hatte er auch einmal geglaubt, aber darüber war er hinaus; es gab vielleicht noch fünfzig praktizierende Kommunisten. Im Untergrund verbargen sich fünfzigtausend oder eine Million von ihnen, aber sie kamen nicht an die Oberfläche und setzten ihre Hinterlist nicht in die Tat um. Nein, es waren die jungen Leute selbst und der Krieg und die eingeschleusten Agitatoren aus den ›Kongos‹, die auf Spesenrechnung in den Gettos herumliefen und zum Aufstand anstachelten. *Verdammt* noch mal, er war doch ein Mensch mit einiger Feinfühligkeit, aber schließlich und endlich konnte man auch zu weit gehen.

Er ging eines Morgens in den Hinterhof, um mit den Lamp-Brüdern darüber zu sprechen. Von den Lamps hatte man seit x Jahren nichts mehr gehört; sie waren zusammen mit den Republic Studios auf dem Müllhaufen gelandet, aber es gab sie immer noch, für die Qual und die Konversation, gelangweilt und einsam, wie die meisten alten Typen, trieben sich immer noch in der Kantine herum und warteten auf den großen Wandel. Damals warteten eigentlich alle auf den großen Wandel, auch Anderson, aber niemand hatte seit langer Zeit zu den Lamps aufgesehen, und sie waren in ihrem Eifer, sich zu unterhalten, beinahe rührend.

»*Menschenskind,* Anderson«, sagte Tom und streckte das verkrüppelte Handgelenk hin, das zerschossen worden und nie richtig geheilt war. »Wirklich schön, Sie zu sehen. Wir hätten nie gedacht, daß wir noch einmal zusammenkommen.« Charles ergriff Andersons freien Arm und rieb ihn leidenschaftlich. »Vielleicht haben Sie Arbeit?« meinte er.

»Ja«, sagte Tom, »Arbeit. Wir können jederzeit anfangen. Haben unsere Ausrüstung und alles. Kann sofort losgeh'n.«

»Keine Arbeit«, sagte Anderson. Er zog die Schultern hoch. »Nur ein paar Fragen.«

»Mist«, sagte Tom. »Wir hatten auf Arbeit gehofft. Sofort, als wir Sie zu Gesicht bekamen, sagten wir, jetzt geht es los. Wir reiten wieder in diese Stadt. Sie können sogar die andere Hand noch zerschießen, wenn Sie wollen.«

»Leider nicht«, sagte Anderson. »Keine Stadt, keine Schießerei.« Er ging lässig in die Hocke, wie früher, und die Lamps beugten sich über ihn, ihre Gesichter bettelnd und hündisch. »Wo lag der Fehler?« sagte Anderson. »Wir standen auf dem Gipfel der Macht, wir hatten alles in der Hand. Dann zogen wir uns Stück um Stück zurück und verloren unsere Macht, der Präsident wurde erschossen, die jungen Leute schnappten über, und alles fiel auseinander.«

»Vergessen Sie den Präsidenten«, sagte Charles Lamp. »Das war eine gute Sache, ein Schritt in die richtige Richtung.«

»Mag sein«, sagte Anderson. Er dachte darüber nach. Bilder der Großstadt in der Sonne, die gefallenen Rosen. »Mag schon sein, aber zivilisiert war es nicht.«

»Ist kein Land zivilisiert, wo so was nicht vorkommt«, sagte Charles Lamp. Er spuckte aus. »Glauben Sie, es ist leicht, dreißig Jahre lang auf'm Abfallhaufen Blei in sich reinpumpen zu lassen? Muß doch alles einen Sinn oder Zweck haben.«

»Aber das ist keine Lösung.«

»Is' auch keine Lösung«, sagte Tom. »Ein paar angebundene Pferde und alte Filmstreifen, die seit Jahren nicht mehr gezeigt werden. Nicht mal beim *Fernsehen.*«

»Wir hatten eigentlich gehofft, daß *Sie* eine Lösung wissen«, sagte Tom mühsam und bewegte sein Handgelenk. »Wir dachten, wir könnten wenigstens fragen, wo Sie doch der Marshal sind, der uns zusammengeschossen und aus der Stadt gejagt hat und alles. Wenn Sie keine Lösung wissen, Anderson, wer denn dann?«

»Sie liegt da draußen«, sagte Anderson. »Ich weiß es.« Ein

greifbares Gefühl des Geheimnisvollen schien ihn zu erfüllen; vielleicht war es das gewesen, was ihn zu den Lamps getrieben hatte. »Ich glaube, ich werde mich aufmachen und danach suchen.«

»Aber geben Sie uns Bescheid, wenn Sie sie haben«, sagte Charles. »Wir warten. Vielleicht ist dann für uns auch etwas zu tun.«

Anderson richtete sich auf. Er wartete höflich darauf, daß die Lamps es auch taten, aber sie blieben geduckt. Die Arthritis hatte ihre Gelenke ergriffen, ihnen die Beweglichkeit genommen. »Tja«, sagte er verlegen, »wir werden uns ja sicher mal sehen.«

»Klare Sache«, sagte Charles Lamp. Er streckte die Hand aus. Anderson berührte sie kurz und klopfte dem alten Tom auf die Schulter.

»Was waren das damals noch für Zeiten«, sagte Tom.

Anderson nickte. Er verließ das Gelände, aber als er wieder in seinem Mietwagen saß und nach Pasadena zurückfuhr, begann er zu begreifen, daß er eigentlich kein Ziel hatte. Mit offenem Mund fuhr er stundenlang auf der Schnellstraße dahin. Zum Glück ergriff ihn das Schicksal noch einmal.

Im Kabinett wird das neueste Ultimatum der Sowjets besprochen. Manche empfehlen Rückzug, während andere zur Invasion oder wenigstens einer scharfen Antwort raten. Anderson gestikuliert achselzuckend.

»Wie Sie wollen, wie Sie meinen.« Ihm, der kurz vor einer neuen Idee steht, ist das alles zuviel.

Forbes, der Arzt des Weißen Hauses, führt eine nicht vorgesehene Untersuchung durch. Sylvias Anregung? Gerüchte, daß er nicht mehr alles in der Hand hat? Zeitungsmeldungen, daß er zu stolpern und in seinen Reden den Faden zu verlieren scheint? Anderson fügt sich müde. Darm, Verdauung sehr gut, erklärt er Forbes, Verstand konzentriert und klar. Im Bett? meint Forbes prüfend, während seine Augen neugierig glitzern. »Kein Unterschied«, sagt Anderson. Eine Antwort, die für alles paßt. Forbes pumpt die Manschette des Blutdruckmessers heftig auf, bis die Enge die metallische Flüssigkeit hochtreibt und nachgibt; im verklingenden Zischen hört Anderson den Lärm der Menschenmassen. Die Staatsmannschaft hat einen Fehler begangen. Er wird den Ball noch einmal bekommen.

Um drei Uhr morgens wird er von Bitters angerufen, der im Auftrag der Stabschefs spricht, sagt er. Frühwarnsysteme in Alaska haben etwas entdeckt, Radar hat kurz danach einen Schwarm von Düsenmaschinen unbestimmter Herkunft ausgemacht, die über dem Pazifik der Golden Gate-Brücke entgegenrasen.

»Es sieht nicht gut aus«, sagt Bitters.

»Was, zum Teufel, heißt das?« sagt Anderson. Er hat schlecht geschlafen, sich von einem Wirrtraum zum anderen geschleppt, Podien der Erinnerung, bevölkert von Gnomen und Archetypen, und einen Augenblick lang glaubt er, auch das sei ein Traum, aber das Lämpchen am Telefon leuchtet. Bitters' winselnde, theatralische Stimme ist nicht die Stimme der Erinnerung. »Sind das angreifende Streitkräfte oder nicht?«

»Tja, das wissen wir nicht. Sie *verhalten* sich aggressiv.«

»Kann es sein, daß die Radaranlagen sich irren?« Solche Dinge sind vorgekommen, wie Anderson weiß.

»Nein. Wir haben übrigens einen Vergeltungsschlag befohlen. Die Maschinen sind in der Luft.«

»Das alles ohne Rückfrage?«

»Steht in den Statuten«, sagt Bitters nervös. Er ist schon lange bei Anderson. Schon seit dem Wahlfeldzug um den Senatssitz. Anderson hat nie genau begreifen können, auf welche Weise sich Bitters so tief in sein politisches Leben und die Administration eingraben konnte, aber die Mühe einer Konfrontation hat nie gelohnt. Mach weiter, mach weiter. Er war jedenfalls ein guter Terminsekretär gewesen.

»Warum sprechen Sie es dann jetzt mit mir ab? Warum machen Sie nicht einfach weiter und bringen die Bomben ins Ziel? Ist das nicht genau das, was Sie wollen?«

Bitters sagt nichts. Das ist der Schlüssel zu seiner Macht; er geht nur auf die Fragen ein, die er beantworten kann, die anderen läßt er unbeachtet. Anderson hat das inzwischen zu bewundern gelernt und auch selbst etwas davon angenommen.

»Also!«, sagt er, »was soll ich tun? Den Premier wecken und ihm sagen, was hier vorgeht? Ist das eine internationale Krise oder nicht?«

»Ich informiere Sie nur über die Lage«, sagt Bitters.

Anderson streckt die Hand aus und unterbricht die Verbindung. Einen Augenblick lang lockt ihn irrsinnigerweise der Gedanke, weiterzuschlafen. Die Bomber werden bei ihrem Selbstmordflug zusammentreffen oder nicht; die Vergeltungsschläge werden beginnen oder nicht ... aber in wenigen Stunden wird ohnehin alles vorbei sein, und wie es auch kommen mag, für ihn wird es keine Spielstrafe geben. Gar keine.

Der Gedanke überfällt ihn wie eine Liebende, umschlingt ihn sehnsuchtsvoll; nur mit Mühe befreit Anderson sich von dem eisernen Zwang und wankt aus dem Bett. Er drückt einen Schalter nach dem anderen, läßt Licht durch den Raum fluten. Der gesamte Mechanismus dieses Staates ist seinem Befehl unterworfen, die ehrfurchtgebietende Technologie, die seine Stimme zum Premier oder hunderttausend Raketen todbringend ins Ziel befördern kann, ist dienstbereit, aber in diesem Augenblick, in diesem Zimmer kommt es Anderson so vor, als gäbe es das alles gar nicht, als sei alles, die Lage, die Präsidentschaft selbst, Halluzination, und wenn er sich vollkommen konzentrierte, wäre er wieder vierzehn Jahre alt und in seinem Zimmer in Omaha, hinauslugend zu den freundlicheren Umrissen der Nacht. Zittrig gießt er sich aus der Flasche neben dem Bett einen Drink ein und denkt an die Geräusche der Heimatstadt, die sein Zimmer erfüllten. Damals hatte es keine Flugzeuge am Himmel gegeben, keine Raketen, keine Bomber, keine Vergeltungsschläge, Sprengköpfe oder Stabschefs. Keinen Bitters'. Da waren nur er und die Hoffnung in der Dunkelheit, aber das war gewiß lange her und ohne Bedeutung. Jetzt steckt er mitten in einer internationalen Krise und weiß nicht, was er machen soll.

Was würde ein Präsident tun? Anderson überlegt. Da war dieser Film mit Henry Fonda, in dem es um ähnliche Dinge ging, aber er hatte ihn nie gesehen, nur davon gehört. Im Grunde kannte er sich bei Filmen, in denen er nicht mitgewirkt hatte, nur sehr wenig aus; er war in dieser Zeit zu beschäftigt, Filme zu drehen, um sie sich anzusehen, und nun gibt es große Lücken in seinem Wissen, bei sehr wichtigen Dingen, die er nie begreifen wird. Das Lämpchen am Telefon leuchtet auf, und er überlegt, ob er das einfach unbeachtet lassen soll, dann seufzt er und meldet sich.

»Also«, sagt Bitters, »die Sache ist ausdiskutiert, und die Entscheidung lautet, daß es keine andere Alternative als einen totalen Vergeltungsschlag gibt.«

»Und wenn es sich um einen Irrtum handelt?«

»Jeder kennt die Regeln hier. Es gibt auch gar keinen Fehler; wir haben das mit eigenen Augen nachgeprüft. Die Flugzeuge befinden sich tausend Meilen vor der Peripherie einer Zielzone.«

Peripherie. Zielzone. Anderson hat die kühle Sprache der Militärs immer bewundert; die Leute scheinen die Dinge im Griff zu haben.

»Sie wollen also den Startbefehl für die Bomber?«

»Der ist schon gegeben.«

»Und wenn ich ihn widerrufe?«

»Das wäre unklug.«

»Herrgott noch mal«, sagt Anderson, »Sie reden vom Ende der Welt, ist Ihnen das nicht klar?«

»Sie reden vom Ende der Stadt San Francisco, das nicht aufzuhalten ist.«

»Bringt es sie zurück, wenn wir angreifen?«

»Retten wir den Rest des Landes, wenn wir nicht angreifen? Das ist nur der erste Schritt. Sie stellen unseren Kampfwillen auf die Probe.«

»Und wenn es sich nur um einen Bluff handelt?«

»Sie haben die Grenzlinien überschritten. *Sie* wollen nicht begreifen, daß das der Ernstfall ist.«

»Ich bin für das Schicksal der Welt verantwortlich.«

»Dann bis zu Ihrem Gegenbefehl«, sagt Bitters und legt auf.

Anderson starrt verblüfft auf den Lautsprecher. Das dumpfe Rauschen in der Leitung weist ihn darauf hin, daß er ebenfalls abschalten muß. Was, zum Teufel, mache ich jetzt? denkt er. Er schaltet das Telefon ab. Wo bin ich da hineingeraten? Ich wollte das alles nicht. Ich habe nur ein paar Freunden einen Gefallen getan. Was für Ambitionen hatte ich denn überhaupt? Ich wollte die Welt retten, nicht ihr Ende herbeiführen. Das ist doch Wahnsinn. Ich bin ein alter Mann, ich brauche meine Ruhe. Ich sollte eigentlich schlafen.

»Weg mit ihnen«, sagt Tom Lamp überlegt, die verdorrten Hände verkrampft. Tom und er sind sich in letzter Zeit sehr nahegekommen; im Gegensatz zu seinem Bruder wagt er das Schlafzimmer des Präsidenten zu betreten, um alten Erinnerungen nachzuhängen und jetzt Rat anzubieten. »Was bleibt Ihnen anderes übrig? Die anderen sind vom rechten Weg abgekommen.«

»Das könnte das Ende der Welt bedeuten, Tom.«

»Ach, kommen Sie«, sagt Tom ruhig. »Schießen Sie doch. Die Welt wird nicht gleich untergehen. Seit 1946 hören wir nur, wenn wir das tun, wenn wir jenes tun, würde die Welt untergehen, dabei ist nicht sehr viel passiert, außer daß sie jedesmal, wenn wir uns *nicht* gestellt haben, wieder ein Stückchen abknabbern konnten. Wenn wir von Anfang an angetreten wären und uns wie Männer benommen hätten, würden sie uns jetzt nicht die Bomber schicken, aber das heißt nicht, daß wir zurückweichen müssen.« Tom spuckt aus und zertritt die Spucke mit dem Absatz. »Tut mir schrecklich leid, daß das in Ihrem Schlafzimmer passiert«, sagt er. »Das Weiße Haus und so. Ich meine, das ist ja schließlich der Präsident, mit dem ich rede, ich möchte da schon meine Achtung bekunden.«

»So einfach ist es nicht, wissen Sie«, sagt Anderson. »Das dachte ich früher auch, aber es ist ganz anders, wenn man dieses Amt übernimmt, man sieht alle möglichen Probleme –«

»Ach was«, sagt Tom bedächtig, »den Dreck haben wir von jedem gehört, der je an die Regierung gekommen ist. Vor der Wahl behaupten sie, sie wollten Ordnung machen, alles ändern, mit dem Schluß machen, was uns so weit gebracht hat, und bis du dich umsiehst, reden sie von den Machtbefugnissen und Problemen des Amtes, der Demut der Führerschaft und den komplizierten Zeiten, und bis du dich *noch einmal* umsiehst, ist es wieder genau derselbe Scheiß, bis ein anderer sie abknallt oder wegräumt.« Tom umklammert sein abgezehrtes Handgelenk. »Früher, wenn etwas getan werden mußte, sind Sie einfach hergegangen und *haben* es getan«, erinnert er Anderson. »War nicht angenehm und tat verdammt weh, aber ich laufe noch rum, und das Problem war damit behoben, oder? Sie hatten recht, so zu handeln, das gebe ich als erster zu. Sie hatten keine andere Wahl. Es war ein Glück, daß Sie mein Leben geschont haben, aber Sie hätten mich und meinen Bruder dazu auf der Straße niederknallen können, und es wäre uns recht geschehen.«

»Das war im Film«, sagt Anderson. »Das ist nicht die Wirklichkeit gewesen, sondern das Kino. Oder? So etwas darf man nicht so ernst nehmen, Tom.«

»Nein?« sagt Tom. »Mir kam es ganz wirklich vor. Jetzt auch noch. Kann mit der Hand da keine Kaffeetasse heben, schmerzt die ganze Nacht und am ärgsten, wenn ich morgens aufstehe. Ich hielt das für echt.«

»War es nicht«, sagt Anderson. Aber vielleicht doch, denkt er. Es war auf jeden Fall so wirklich wie das hier. Er hatte Rollen zu spielen gehabt, die mehr Sinn ergaben als alles, was jetzt vorging, und die Belastung vor der Kamera war ungeheuer groß gewesen. Die Qual war echt, später am Tag bei der Vorführung der Szenen, die im Kasten waren. »Ich muß hier eine Entscheidung treffen«, sagt er. »Ich muß mich stellen.«

»Mir scheint, daß die Entscheidung schon gefallen ist. Sie brauchen den Dingen nur noch ihren Lauf zu lassen.«

»Ich bin der Präsident. Eigentlich soll ich die Dinge in der Hand haben.«

»Das haben Sie doch bloß im Fernsehen gehört«, sagt Tom. »Das haben Sie doch bloß im Kino gesehen.«

»Was heißt das?«

»Wenn Sie schon von dem reden, was wirklich und nicht wirklich ist«, sagt Tom, »sollten Sie an Bitters denken.«

»Was?«

»Er kommt mir nicht so wirklich vor«, sagt Tom. »Für mich benimmt er sich wie einer im Film. Wo, zum Teufel, ist er überhaupt hergekommen, hm?«

Anderson starrt ihn an.

»Denken Sie mal dran«, sagt Tom Lamp. »Denken Sie mal drüber nach.« Er zwinkert ihm zu und verschwindet.

Anderson kann nicht darüber nachdenken. Nicht jetzt. Wenn Bitters nicht Wirklichkeit ist, was ist er dann, ein Produkt seiner Einbildung, das er seit dem Kampf um den Senatssitz von Nebraska immer mitgeschleppt hat, bis er ein Dutzend Jahre später im Weißen Haus und in der Atomkrise gelandet ist? Was ist er, eine Halluzination, jemand, den er erfunden hat, um ihm das in die Schuhe schieben zu können, was er nicht selbst auf sich nehmen kann? Nein, er will nicht einmal darüber nachdenken; was er jetzt entscheiden muß, ist, ob es sich bei alledem um eine Art psychologischen Test handelt. Vielleicht ist das die Lösung.

Forbes und Sylvia und Bitters sind eingeweiht, vermutlich auch die Lamp-Brüder. Sie stellen seinen Willen und seine Entschlossenheit auf die Probe. Anderson weiß alles über die Gerüchte aus den Pressespiegeln, die Bitters ihm vorlegt: daß er senil geworden ist, sich im Weißen Haus verschanzt und nichts mehr im Griff hat, daß er sich die Dinge aus den Händen hat nehmen lassen. Weil er nur noch selten in der Öffentlichkeit auftritt, hält man ihn für einen stotternden Dummkopf. Es gibt Leute, die behaupten, er sei ein sabbernder Greis geworden; ein Schlaganfall oder ein unheilbares Nierenleiden hätten ihm den Rest gegeben.

Nun kann es sein, daß er wirklich solche Symptome hat erkennen lassen, und daß man sich zusammengetan hat, um ihn auf die Probe zu stellen. Das ist eine Möglichkeit. Nach dem 22. Verfassungszusatz kann die Entscheidung über das Vermögen eines Präsidenten, sein Amt auszuüben, auch von außen her gefällt werden, und sie haben sich zusammengeschlossen, um zu klären, ob er wirklich nicht mehr alle Tassen im Schrank hat. Das würde alles erklären, die unersättliche sexuelle Gier Sylvias, das Eindringen der Brüder Lamp in die Privaträume des Präsidenten und jetzt dieser verdammte Atomschlag, der erfunden wurde, um festzustellen, ob er sich bei einer Krise in der Gewalt hat. Schließlich besitzt er gar keine Beweise dafür, daß das alles wirklich stattfindet, er hat nur zwei Anrufe von Bitters erhalten (der laut Tom eine Einbildung sein könnte – und in diesem Fall spielte sich überhaupt nichts wirklich ab, außer in seinem eigenen Schädel. Aber damit kam er nicht zurecht, da war es besser, davon auszugehen, daß Bitters wirklich existierte. Natürlich gab es ihn wirklich; niemand konnte einen so harten, unnachgiebigen Menschen erfinden.).

Sie wollten in Erfahrung bringen, wie er reagierte. Forbes und ein Haufen Psychiater überwachten vermutlich alles, um zu einem Urteil zu gelangen. Und wenn das so war, denkt Anderson mürrisch, dann soll alle der Teufel holen. Er zieht die Schuhe aus und setzt sich auf die Bettkante. Würde ihnen ganz recht geschehen, wenn er beim Test *wirklich* versagte. Würde ihnen ganz recht geschehen, wenn er unter dem enormen Druck, den man auf ihn ausübte, zusammenbrach: der Sex, die Krise, der Argwohn und die Beschwerden. Dann mußten sie sich auf den 22. Verfassungszusatz berufen und den Vizepräsidenten an seine Stelle setzen, wer immer das sein mochte. Vielleicht würden sie einen genauen Überblick gewinnen und einmal sehen, womit er sich die ganze Zeit hatte abplagen müssen. Sie würden einen anderen den Präsidenten spielen lassen müssen, dann würde sich ja zeigen, ob *er* es besser konnte, denkt Anderson verbittert. Er starrt das Telefon lange an und überlegt, wie es weitergehen soll.

Sein nächster Schritt wird ein bedeutender sein, und er möchte sichergehen, daß er für die Situation genau der richtige ist. Für Fehler bleibt jetzt kein Raum mehr.

Kann er Bitters wirklich erfunden und ihn ein Dutzend Jahre mitgeschleppt haben? Aber dann wäre er ja verrückt.

Ganz gewiß.

Nach dem Holocaust wird es wunderbar sein, denkt Anderson. Keine Probleme, keine Fragen, keine Konflikte mehr. Schlichte Entschlossenheit. Seit Jahrzehnten bestehen streng geheime Pläne, die führenden Persönlichkeiten von Staat und Industrie beim ersten Anzeichen eines Atomschlags unterirdisch in Sicherheit zu bringen, und so wird man ihn in ein riesiges Schutzbunkersystem südlich von Roanoke in Virginia schaffen, wo Meilen unter dem Erdboden luxuriöse Unterkünfte für ein luxuriöses Leben ausgeschachtet worden sind, damit man abwarten kann, bis der radioaktive Niederschlag seine Wirkung verliert. Mehrere hundert Persönlichkeiten werden sich in dieser bequemsten und heimeligsten aller Zufluchten befinden; eine kleine unterirdische Stadt mit allem modernen Komfort, und er wird nach wie vor ganz der Präsident sein. Anderson weiß, wie es dort unten sein wird. Sie werden ihn in Ruhe lassen, und er wird meilenlange, glänzende Korridore unter dem Erdboden erforschen können, sollte er sich jemals langweilen. Im Lauf der Jahre sind viele Millionen Dollar für die Schutzbunker ausgegeben worden; sie sind vollgestopft mit allem, was unterhält. Seine alten Filme sind da, ein Vorführraum, Licht und Tempo und Ton.

Es mag sein, denkt er, daß er unter der Erde mit den Schlüsselfragen seines Lebens zu Rande kommt. In diesen zwölf Jahren hat er nicht viel Zeit zum Überlegen gehabt, für die Art von Nachdenken, in das ein Mann sich einlassen muß, wenn seine Zeit zu Ende geht. Bevor ihm die Politik dazwischenkam, hatte er gehofft, Zeit zum Lesen und Nachdenken zu finden, aber weder der Senat noch das Weiße Haus waren Orte, wo man sich mit Philosophie befassen konnte. Unter den Fragen, die er tiefschürfend ergründen wollte, gehörten nach seiner Meinung: die wahre Bedeutung seiner Ehe, der Sinn seiner Laufbahn, der Einfluß der Phantasiegestalt, die er gewesen war, auf sein eigenes Innenleben (konnten Phantasiegestalten selbst Phantasievorstellungen hervorbringen?), und die Frage, ob er dadurch, daß er eine Wunscherfüllungs-Gestalt gewesen war, selbst zu Wünschen hatte fähig werden können. Viel hing natürlich damit zusammen, wie man die Rolle ausfüllte. Man ließ sich dirigieren, zuerst von seinem

Agenten, dann vom Drehbuchautor und vom Produzenten, schließlich vom Regisseur; man hielt sich stets an die Vorstellung anderer davon, was man zu sein hatte, und warum gerade das, und man wurde als Schauspieler meistens danach bewertet, wie sehr man den Erwartungen anderer entsprach. Aber genau das konnte gefährlich sein, weil er sein ganzes Leben lang für die anderen gearbeitet hatte.

Konnte das der Grund dafür sein, daß es Bitters gab? Daß er sogar hier, auf dem Gipfel, für einen anderen tätig sein mußte?

Na, zum Teufel noch mal, vielleicht wurde es Zeit, daß er einmal etwas für sich selbst tat, sich an seine eigenen Ziele und Wünsche hielt. Aus dem Spiel. Aber dann blieb noch eine schwerwiegende Frage: Wenn man fast drei Viertel seines Lebens so handelte, wie sie es wollten, wenn man zu ihrer Zufriedenheit tat, was sie verlangten, konnte man dann am Ende behaupten, daß man etwas ganz sein eigen nennen konnte, das von ihnen unabhängig war? *Hatte* er denn überhaupt Ziele und Wünsche, oder ging es nur darum, den Leuten zu gefallen, an der Kasse ein Erfolg zu sein? Er wollte sich auch damit beschäftigen, während er durch die Korridore und Labyrinthe der schimmernden unterirdischen Stadt streifte. Er gedachte, selbst Möglichkeiten von winzigster Bedeutsamkeit nicht entwischen zu lassen.

Anderson sieht sich am Rand der unterirdischen Stadt. Er hat seine Wohnung früh verlassen, vor dem Leuchten, das in der gesteuerten, zeitlosen Umwelt ›Tag‹ bedeutet; in der geregelten Temperatur von 25° Celsius, die den Anlagen entströmt, geht er in Golfkleidung vorbei an den dicht verschlossenen Kabinen seiner schlafenden Brüder, vorbei an der dunklen Cafeteria und den Erholungsstätten, der geschlossenen Bibliothek, vorbei an den Sportplätzen, tiefer in das Labyrinth hinein. Die Tunnels verzweigen sich hier wie Geäst, öffnen sich wie Tumore, die Lichtstöße ungeregelte Rot- und Purpurtöne. Entschlossen geht Anderson hindurch, schwelgt in der Stille, fixiert auf sein Ziel, den riesigen, grauen, freien Raum, zu dem die Tunnels führen und wo das Labyrinth endet. Der Raum ist eingerahmt von einer hohen Mauer, die im verblassenden Licht dahinschwindet; in die Mauer sind die Buchstaben und Ziffern eingeritzt, die den Ingenieuren auf rätselhafte Weise bedeuten, wie sie die Anlagen warten müssen. Anderson hat Zugang zu den Verschlüsselungen, wird sie aber nie studieren. Sinnlos. Technologie war stets ein Geheimnis, obschon er ihre Segnungen so genossen hat wie jeder andere Amerikaner. Sie hat ihm ein Vermögen eingebracht, ihn an die Macht geführt.

Jetzt steht Anderson auf dem Steinboden, in den die Tunnels sich entleeren, der Mauer gegenüber, und erschließt im grauen Licht den Sinn dieses größten Abenteuers seines Lebens. Vor nicht einmal zwei Wochen war er im Land der Präsident, auf der Höhe seiner Macht; jetzt mag er noch Präsident sein, aber er lebt mit zweihundert anderen Menschen unter dem Erdboden, und es kann sein, daß der Rest seiner Wählerschaft tot ist. Es gibt keine Verbindung zur Außenwelt. Fernmeldeverbindungen zu anderen Bunkeranlagen waren geplant, aber sie funktionieren nicht. Es könnte sein, daß Anderson mit den letzten Menschen auf der Erde zusammenlebt, aber mit diesem komplizierten Gedanken möchte er sich nicht befassen. Die Wirklichkeit, die drückende Belastung durch seine jetzige Umwelt nimmt in Anspruch und verblüfft; vorerst ist das alles, was er von den Umständen zu wissen braucht. Er steht und blickt auf die Mauer.

»Position«, sagt Bitters. Er ist ihm bis hierher nachgegangen. »Sie wissen, was Sie zu tun haben.«

Anderson weiß, was er zu tun hat. Er hat es immer gewußt; das ist seine Stärke und sein Fluch.

»Nur noch eine Chance«, sagt Bitters.

»Und Tom?«

»Richtig«, sagt Bitters. »Für Tom.«

Dann also für Tom. Er hat immer gewußt, daß es so kommen würde, nicht wahr? Es mußte so kommen. Anderson duckt sich. Position.

»Jetzt«, sagt Bitters. Sein Gesicht ist unbeugsam, feierlich im kränklichen Licht. »Jetzt.«

Jetzt. Letzter Spielabschnitt, auf der Zehn-Yard-Linie, auf der

Stadionuhr noch sechsunddreißig Sekunden, keine Auszeiten mehr, das Spiel unentschieden. Anderson steht geduckt in der Mitte, die Augen hellwach, sein Brustkorb hebt und senkt sich vor Erregung, die schneidende Kälte im Inneren verwandelt sich in Wärme, jedes Ausatmen wahrhaftig ein Feuerstoß.

Illustrationen von Arno Langnickel

R(APHAEL) A(LOYSIUS) LAFFERTY begann erst mit 45 Jahren seine erste Erzählung zu schreiben. Er wurde 1914 geboren und arbeitete 35 Jahre lang in der Elektrobranche. Seit 1960 liegen von ihm 12 Romane und weit über 100 Kurzgeschichten vor.

In den USA machte er sich schnell einen Namen als humorvoller, teilweise etwas hausbackener Autor. 1973 gewann er den Hugo für die beste SF-Geschichte des Jahres. Ende der 60er Jahre schloß er sich der amerikanischen ›New Wave‹ an, deren Autoren die SF für Probleme der sich politisch immer schneller verändernden Zeit öffnen wollten – was sie auch in ihren stilistischen und erzählerischen Mitteln zu zeigen versuchten.

Lafferty, heute bereits 67, schrieb die folgende Geschichte 1980/81 für diesen Band. Auch in ihr kommt der hintergründige Humor der sich selbst nicht ganz ernst nehmenden Erzähler, für den er berühmt wurde, nicht zu kurz.

R. A. Lafferty

Sechs Meilen von Lop entfernt

Millionen Menschen haben bei der Lektüre von ›Die Reisen Marco Polos‹ gewiß das Gefühl gehabt, daß mehrere der großen Reisen oder Abenteuer, drei oder vier von ihnen, weggelassen worden sind. Ach, die Texte lassen keine auffälligen Lücken erkennen, wo das Material herausgenommen worden ist. Ganz im Gegenteil erscheinen sie unberührt. Aber Marco war der geborene Geschichtenerzähler. Warum sind drei oder vier seiner Geschichten nichtssagend und zu kurz?

Die Reisen selbst begannen im Jahr 1271, als Marco sechzehn Jahre alt war, bis 1295, als er einundvierzig war. Dann wurde Marco, drei Jahre nach der Rückkehr in seine Heimatstadt Venedig, bei einem Seekrieg zwischen Venedig und Genua gefangengenommen und in Genua ins Gefängnis gesteckt.

Als Zellengenossen hatte Marco einen politischen Gefangenen namens Rusticiano, der von Beruf Schreiber war und auch phantastische Romanzen verfaßte. Rusticiano hatte Schreibmaterial. Marco hatte seinen Kopf und das Herz voller Geschichten seiner eigenen Reiseabenteuer, die sich überall da, wo man sie nachprüfen konnte, als wahr erweisen sollten, aber Rusticiano hielt sie für unglaubliche Geschichten und erfundene Romanzen von der Art, wie er sie manchmal schrieb.

Nicht ganz ein Jahr lang, zu gelegener Stunde, diktierte Marco, und Rusticiano schrieb. Sie bedienten sich eines französisch-italienischen Kauderwelschs, das damals bei Kaufleuten aller Länder ebenso im Schwange war wie bei Söldnern und Seeleuten. Das war jenes ›Italienisch‹, das noch bis zum Ersten Weltkrieg bei der türkischen Marine gesprochen wurde.

Das so entstandene Buch war ein Erfolg und zirkulierte bald in

Hunderten von Manuskripten. Der erste Titel lautete ›Il Milione‹ (Million); der Überschwang des Werkes konnte nur durch diese größte, dem gemeinen Mann vertraute Zahl ausgedrückt werden, und Marco Polo erwarb in ganz Italien, Frankreich und England den Spitznamen ›Marco Million‹.

Aber die ›fehlenden Abenteuer‹ sind in den frühesten Ausgaben von ›Il Milione‹ so wenig zu finden wie in den letzten Ausgaben der ›Reisen von Marco Polo‹. Übrigens findet man sie auch nicht in den erschienenen Abenteuerromanzen Rusticianos.

Dann kamen mir Gerüchte von einem alten Manuskript mit dem Titel ›Die phantastische Geschichte von den Steinballons‹ zu Ohren, geschrieben von Emilone Rusticanus, was man übersetzen kann mit ›Der große Emil vom Lande‹. Aber ›Emilone‹ war gewiß ein Echo des ›Il Milione‹, also des ersten Titels von Marco Polos Buch, und Rusticanus lehnte sich ganz deutlich an Rusticiano an. Wenn Rusticiano diese Geschichte aus Marcos Diktaten stibitzt hatte, paßte das Pseudonym gut.

Ich begann nach einem Exemplar von ›Die phantastische Geschichte von den Steinballons‹ zu suchen. Ich brauchte dreißig Jahre, um es zu finden. Zu Beginn meiner Suche war ich davon überzeugt, auf der richtigen Fährte zu sein, als ich den ersten Satz der ›Steinballons‹ fand (im vierzehnten Jahrhundert führten Manuskriptkataloge oft den ersten Satz eines Werkes neben dem Titel an, weil für die verschiedenen Manuskriptfassungen mancher Werke gelegentlich verschiedene Titel verwendet wurden). Und der erste Satz von ›Die phantastische Geschichte von den Steinballons‹ lautete:

›Als wir eine Tagesreise von Lop entfernt waren, begegneten wir immer häufiger zwei Sorten von Leuten: Schiffskapitänen und Leuten des Dritten Auges.‹

Aber Lop kam in ›Die Reisen von Marco Polo‹ vor. Lop befand sich am Ende von Turkestan und am Anfang von Cathay (China) und der Großen Wüste von Cathay. Und Kapitel 39 in Buch Eins der Reisen, das Kapitel, das Lop erwähnt, enthält einen der Berichte, die nichtssagend und zu kurz sind, eine jener Schilderungen, die das Fehlen von konkretem Material hinausschreien.

Nach dreißigjähriger Suche fand ich dann doch ein Exemplar von ›Die phantastische Geschichte von den Steinballons‹ in einer Burg auf einem Hügel über einer kleinen Stadt in Albanien. Der Schuhmacher in diesem Ort war gleichzeitig der Notar, und nebenbei vermietete er stundenweise verschiedene kleine Maschinen. Ich mietete bei ihm eine albanische Schreibmaschine (die, wie man weiß, kein Q und W besitzt) für eine Stunde, trug sie den Berg hinauf, wo das Manuskript über die Ballons lag, fertigte eine saubere Abschrift an, eilte mit der Schreibmaschine den Berg wieder hinunter und wickelte das Ganze in achtundfünfzig Minuten ab. Der Schuhmacher mußte mir glauben, daß ich binnen einer Stunde zurückgekommen war – er hatte eben für eine halbe Stunde seine einzige Uhr vermietet.

Hier folgt nun, übersetzt aus dem alten Franko-Italienisch, der Text von ›Die phantastische Geschichte von den Steinballons‹ von Emilone Rusticanus oder dem großen Emil vom Lande.

›Als wir eine Tagesreise von Lop entfernt waren, begegneten wir immer häufiger zwei Sorten von Leuten: Schiffskapitänen und Leuten des Dritten Auges. Ich fand es ungewöhnlich, daß es in dieser Gegend so viele Schiffskapitäne gab, wo doch Lop die Stadt sein dürfte, die von jedem Meer oder Ozean am weitesten entfernt ist.

Einer der Schiffskapitäne erklärte mir, er sei wahrhaftig ein solcher, aber das Meer, auf dem er segle, sei das Meer der Lüfte und der oberen Lüfte und des höchsten Himmels, der noch über den oberen Lüften liegt. Dieser Schiffskapitän war einer vom Volk des Dritten Auges, wie auch mindestens die Hälfte der Schiffskapitäne an jenem Tag auf der Straße. »Ich sehe, daß du drei Dromedare, zweiundzwanzig Esel und neun Eselinnen mit Handelswaren in Ballen beladen hast«, sagte er zu mir. »Du wirst in Lop keinen guten Markt dafür finden und mit so schwerer Last nicht die Wüste durchqueren wollen. Aber komm morgen mit mir zu unserem Himmelshafen, und du wirst die Waren mit großem Gewinn für alle Seiten verkaufen können. Ich selbst werde einiges erwerben, und andere Kapitäne werden ebenfalls kaufen.

Wir tauschen alles ein.« »Wie weit ist der Himmelshafen von Lop entfernt?« fragte ich ihn. »Sechs Meilen hinter Lop, eine kurze Tagesreise über die Ebene der Springer«, sagte er. »Ich bin der Kapitän eines der Schiffe, die man ›Steinballons‹ nennt. Vielleicht willst du mit einem Fahrzeug einen kleinen Ausflug unternehmen. Sooft wir uns hier einfinden, erhole ich mich ein paar Tage und gehe zu den Dromedarrennen und anderen hiesigen Belustigungen. Hier in der hintersten Provinz geht es so hübsch rustikal zu!«

Wir erreichten die Stadt Lop bei Sonnenuntergang. Ich nahm die Last von meinen Tieren, damit sie rasten konnten, gab ihnen Wasser und Heu. Der Schiffskapitän legte kleine Körnchen in das Heu, mit dem ich sie fütterte. Lop war eine belebte Handelsstadt, aber sie erweckte den Eindruck, als sei sie nur – »Ja, nur der Vorort eines bedeutenderen Platzes«, sagte der Schiffskapitän, so, als hätte er meine Gedanken gelesen, »denn in Wahrheit ist es nur der Vorort eines Raumflughafens.« »Wie viele von diesen Raumflug- oder Himmelshäfen gibt es auf der Welt?« fragte ich. »Nur noch drei«, gab der Schiffskapitän zurück, »und zwei auf dem Mond, je einen auf Merkur und Venus (sehr heiß dort!), andere auf den Monden von Saturn und Jupiter, und sehr viele Raumflughäfen auf ferneren Welten. Mein eigener Heimathafen befindet sich auf einem der Händlerplaneten. Wir können hier in Lop zu Abend speisen, bis dahin wird der Mond aufgegangen sein, und wir begeben uns im Mondschein zum Himmelshafen. Ich habe Körner in das Heu deiner Tiere getan, dadurch kommen sie wieder zu Kräften und verlieren die Müdigkeit. Du kannst hier in Lop Sprungschuhe kaufen, zwei für dich und vier für deinen Reitesel. Sie werden dir eine kindliche Freude verschaffen, und ich sehe, daß du noch kaum älter als ein Kind bist. Der Boden rund um den Raumflughafen ist durchtränkt von antigeodischer Kraft, die aus unseren Ballons abfließt. Das verleiht jenen, die Sprungschuhe tragen, federnde Leichtigkeit. Die Schuhe sind aus einer Legierung, die zu einem Teil aus Eisen und zu neun Teilen aus dem Metall besteht, das die Juden ›chamron‹ und die Araber ›Al-Aminjoum‹ nennen.« Wir speisten zu Abend, dann kaufte

ich Sprungschuhe, zog zwei davon selbst an und schob vier auf die Füße meines Reitesels. Ich belud meine Tiere wieder, und sie waren sehr lebendig und zeigten keinerlei Müdigkeit mehr. Wir machten uns im Mondschein auf den Weg die sechs Meilen lange Straße von Lop zum Himmelshafen entlang.

Als wir uns ihm näherten, spürte ich die antigeodische Kraft sehr stark. Mein Reitesel sprang bei jedem Schritt hoch in die Luft und kam zehnmal so schnell voran wie sonst. Ich stieg schließlich ab und schritt und sprang die Straße entlang, wobei jeder meiner Schritte das Zwanzigfache meiner Körpergröße erreichte. Es ist sehr angenehm, auf einem Boden vorwärtszuschreiten, der mit antigeodischer Kraft durchtränkt ist. Vor uns schwebten über der Erde riesige Kugeln, die das Mondlicht auf irgendeine Weise durchdrang. »Sind die mächtigen Kugeln, die ich sehe, die Fahrzeuge, die man Steinballons nennt?« fragte ich den Schiffskapitän. »Ja, sie werden die Steinballons genannt«, sagte er. »Das ist ein alter Tarnname. In Wahrheit bestehen sie aus den verfeinertsten Metallen. Und du *siehst* sie nicht, weil du das Dritte Auge nicht besitzt. Du siehst nur ihre Schatten und Aura. Aber mit gewisser Übung ist das beinahe ebensogut. Viele Kapitäne dieser Ballons sind auch keine Leute des Dritten Auges und können sie deshalb nicht richtig sehen. Hier ist ein guter Platz genau unter einigen der schwebenden Kugeln. Löse die Lasten und treibe Handel.«

Ich lud meine Ballen ab und handelte mit verschiedenen Personen (manche mit drei, andere mit zwei Augen) aus den Ballons. »Ah, hier ist Leinen aus Flandern«, sagte einer der Ballonfahrer. »Ich kenne eine Welt, wo solche kuriosen Dinge sehr begehrt sind.« Und andere Händler fanden andere meiner Waren interessant oder kurios. Sie bezahlten vor allem in Gold und Edelsteinen, und als alle meine Ballen verkauft waren, sah ich mich tausendmal reicher, als ich es vorher gewesen war, obwohl das ganze Gold und die Edelsteine, die ich bekommen hatte, von der Hälfte der Tiere getragen werden konnten.

Mein Schiffskapitän nahm mich dann auf eine Fahrt in seinem Ballon mit. Dieser war von außen für mich wie ein Schatten, innen jedoch hell, vollkommen sichtbar und massiv. »Es wird eine kurze Reise sein müssen, wohl nur zum Mond«, sagte ich zu dem Kapitän, »weil am Morgen mein Vater und mein Onkel in Lop eintreffen und ich sie abholen soll.« »Alle Reisen, ob zum Mond oder zu Welten, die zehnmillionenmal weiter entfernt sind, dauern ungefähr gleich lang«, erklärte der Schiffskapitän. »Wenn man antigeodische Kraft zum Antrieb verwendet, sind alle Orte gleich nah, alle Orte wahrhaftig nur ›sechs Meilen von Lop entfernt‹. Komm. Es ist eine große Freude, wenn du vorher noch nicht zu fernen Gegenden gereist bist.«

Wir erhoben uns rasch mit dem ›Ballon‹ und wurden immer schneller. Wir schienen dem helleuchtenden Mond entgegenzurasen. Dann verblaßte dieser, als wir in helles Sonnenlicht traten (Sonnenschein um Mitternacht!), und die Sonne ihrerseits verblaßte hinter uns, als wir sie weit zurückließen. Nachdem wir an vielen Sternen vorbeigekommen waren, erreichten wir das Gebiet einer anderen Stern-Sonne und sahen sie bei der Annäherung sehr hell werden. Wir suchten uns einen staubkorngroßen Planeten dieser Sonne aus und sahen ihn zu einer Welt heranwachsen. Und wir landeten auf dieser Welt. Der Schiffskapitän sagte, das sei einer der Händler-Planeten, und er sagte mir seinen Namen, aber ich vermochte die Silben nicht zu bewältigen. Wir stiegen vom ›Ballon‹ auf den Himmelshafen dort hinab.

Die Wunder dieses Himmelshafens auf dem Händlerplaneten vermag ich nicht zu beschreiben. Es gab riesige Handelsmärkte. Es gab Gebäude, die mehr als fünfzig Etagen hoch waren. Es gab Fahrzeuge, die durch gebrochene antigeodische Kraft auf den Straßen fuhren. Es gab überall Unterhaltung durch Theater und Musik. Es gab die Freuden von Essen und Trinken und Zechgelagen. Der Schiffskapitän führte mich zum Geldmarkt, dem Zentrum finanzieller Spekulation und Geldanlage. Als wir dort ankamen, war eine Pause eingetreten. Maschinen säuberten den Markt von dem herabgefallenen Geld, das kniehoch den Boden bedeckte, wo die Leute mit ihren Transaktionen zu beschäftigt gewesen waren, um es aufzuheben. Das Geld wurde zu den großen Toren hinausgeschoben, ins Freie befördert und zu einem hohen Berg aufgeschichtet. Die armen Leute wurden aufgefordert, zu erscheinen und mitzunehmen, was sie tragen konnten. »Es spielt keine Rolle, daß sie verschwenderisch sind, es unsinnig ausgeben und in sechs Stunden wieder arm sein werden«, sagte der Schiffskapitän. »In sieben Stunden findet wieder eine Säuberungspause statt, und die Armen können wiederkommen und sich so viel Geld holen, wie sie wollen. Auf diesem Planeten braucht niemand lange arm zu sein.«

Es gab einen Bereich im Himmelshafen, wo Mädchen und Frauen und Jungen und Männer –‹

(Im Text folgte nun ein Zwischenspiel außerordentlich rüder Pornographie, durchaus nicht im Stil von Marco Polo. Ich glaube, daß es Emil vom Lande, der Plagiator, einfach eingefügt hat. Da diese pornographischen Schilderungen für niemanden von Interesse sein können, habe ich sie nicht übernommen. Im Text fährt der Verfasser fort:)

›Die Wunder der Himmelshafen-Stadt schienen kein Ende zu nehmen, aber mein Besuch dort mußte es. Ich betrat wieder den Ballon des Schiffskapitäns, und er brachte mich zurück zu meiner eigenen Welt und zu dem Himmelshafen, der sechs Meilen von Lop entfernt liegt. Als ich den Ballon verließ, holte ich meine Tiere, von denen nur noch die Hälfte beladen war (aber mit welchem Reichtum!), und kehrte nach Lop zurück. Ich kam schnell voran, auf den ersten drei Meilen der Reise durch meine Sprungschuhe unterstützt, wo die Erde von antigeodischer Kraft durchtränkt war. Ich kam noch früh am Morgen in Lop an und traf dort Vater und Onkel. Sie waren erstaunt über den Reichtum, den ich erworben hatte. Sie trauten kaum ihren Augen, als sie ganze Dromedarladungen der feinsten Diamanten und weitere Dromedar- und Eselladungen von anderen kostbaren Edelsteinen und Gold sahen. Sie glaubten an eine Sinnestäuschung. Wir beluden also meine restlichen Tiere und auch die meines Vaters und meines Onkels mit Vorräten, Nahrung und Wasser und zogen in die Große Wüste von Cathay.‹

Das ist ›Die phantastische Geschichte von den Steinballons‹ (die gar nicht aus Stein, sondern aus den allerfeinsten Metallen bestanden). Das ist der Text, der, nachdem er siebenhundert Jahre verloren war, aufgefunden wurde. Ich glaubte daran, daß der Schreiber Emil die Erzählung von Marco Polo gestohlen hatte. Ich glaubte daran, daß sie, da sie von Marco stammte, der Wahrheit entsprach und keine Erfindung war.

Es hatte also vor siebenhundert Jahren Raumflug zwischen der Erde und vielen anderen Welten gegeben. Er hatte auf Anti-Schwerkraft (antigeodischer Kraft) beruht. Der Verkehr war nur zum Teil durch die anmutigen dreiäugigen Fremdwesen abgewickelt worden. Auch zweiäugige Menschen waren beteiligt gewesen. Es war eine gute Sache und damit nicht allen zugänglich. Und doch schienen sich viele daran beteiligt zu haben.

Wie stand es nun, siebenhundert Jahre danach? Ich beschloß, das in Erfahrung zu bringen. Ich brachte an Geld auf, was mir möglich war, und begab mich auf die Reise nach Lop. Ich vermutete zu Recht, daß Lop die kleine Oase in der Wüste Gobi sei, die von den Chinesen jetzt Lo Pu Po genannt wird. Dorthin begab ich mich.

Es war ein kleiner Ort, und ich fand nicht gleich, wonach ich suchte. Ich besuchte die Märkte und Läden. Dann sah ich in einer dunklen Ecke eines dunklen Ladens (in welche Ecke mein Blick jedoch auf der Stelle gelenkt wurde) etwas, bei dem es sich nur um ein Paar Sprungschuhe aus Metall handeln konnte, bedeckt mit Spinnweben.

»Wieviel dafür, was das auch sein mag?« fragte ich den alten Kaufmann.

»Zwanzig amerikanische Dollar«, sagte der Händler, »und ich weiß auch nicht, was das ist.« Er wischte die dicken Spinnweben ab, holte die Schuhe aus der dunklen Ecke heraus und verkaufte sie mir. Ich zog sie an und verließ den Laden in aufgeräumter Stimmung. Meine Sprungschuhe zeigten mir bereits, wohin ich mich wenden mußte.

»Fremder, du bist übertölpelt worden!« sagte eine Frau vor dem Laden zu mir. »Das sind keine alten Sprungschuhe. Es sind billige Eisenschuhe, keine zweihundert Jahre alt. Man stellt sie her, um sie an leichtgläubige Fremde zu verkaufen. Wenn du in den Laden blickst, wirst du sehen, daß der Händler schon ein anderes Paar in die schummerige Ecke gestellt und seiner Hausspinne gepfiffen hat, damit sie kommt und sie mit Spinnweben überzieht. Für zwanzig amerikanische Dollar hättest du ein Paar echte moderne amerikanische Kunstleder-Cowboystiefel bekommen können.«

»Ich bin zufrieden«, sagte ich. »Diese Metallschuhe sagen mir, wohin ich gehen muß.«

»Sie führen dich hinaus zur Sechsmeilen-Stadt, und dort wird man dich mit Geld verderben«, sagte die Frau.

Sie führten mich wirklich zum Himmelshafen. Sie brachten mich mit immer weiteren Schritten dorthin, je näher ich dem Hafen kam. Nun, es war kein sehr großer Ort, aber über dem Boden schwebte ein halbes Dutzend der großen Kugeln (vielleicht waren es nur ihre Schatten, die ich sah). Und es gab freundlich aussehende Leute, die in einem grünen Hain Handel zu treiben und Gespräche zu führen schienen.

Dort lief mir eine Frau über den Weg. Sie sah mich mit ihren zwei freundlichen Augen sehr freundlich an, schien aber aus ihrem dritten Auge finster zu blicken.

»*Lutfen saat kac?*« fragte sie mich. Was sollte ich nur antworten?

Was für eine Falle mochte das sein? Nun, im Zweifel ist es am besten, die schlichte Wahrheit zu sagen.

»*Saat jedije bes kala*«, erwiderte ich mit aller Selbstsicherheit, die ich aufbringen konnte. Was hättest du an meiner Stelle gesagt, lieber Leser?

Die Frau mit den drei Augen schlenderte davon.

»Komm mit uns handeln«, rief ein freundlicher dreiäugiger Mann vom grünen Hain herüber.

Ich ging zu ihnen, da verspürte ich eine schreckliche Bedrükkung. Ich hatte keinen Pfennig. Die zwanzig amerikanischen Dollar, die ich für die Sprungschuhe bezahlt hatte, waren mein letztes Geld gewesen. Ich hatte nichts vorzuweisen und sagte den anderen das auch.

»Ach, du hast bestimmt etwas. Jeder hat etwas«, bedrängten sie mich. »Dreh deine Taschen um.«

Ich tat es, und alles, was ich bei mir trug, war ein altes Taschenmesser mit abgebrochener Klinge.

»Mit künstlichem Perlmutt-Griff«, sagte eine der Personen. »Für den Anfang ist das genug. Ersatzgegenstände von der Erde werden auf einem Planeten, den ich schon lange kenne, hoch gehandelt, und je stärker sie beschädigt sind, desto mehr begehrt man sie.«

Die Person gab mir für mein Taschenmesser soviel, daß ich am Handel teilnehmen konnte. Dann begann ein aufregender Rundtausch, bei dem jeder Gewinne erzielte, sooft es im Kreis herumging. Ich verstand vom Geschäft nicht viel, aber niemand schien dabei verlieren zu können. Nach einer Stunde Handel war ich so begütert, daß ich mein weiteres Leben ohne Arbeit verbringen konnte. Mir gefällt das.

Ich genoß meinen Reichtum fünf Jahre lang, bis zum heutigen Tag. Ich begann langsam zu begreifen. Natürlich gibt es Raumfahrt! Nicht alle wissen davon, aber jeder, auf den es ankommt, kennt sich aus. Natürlich gibt es Tauschhandel, der beide Seiten begünstigt! Auch davon weiß nicht jeder, aber es sind doch viele, die eingeweiht sind und davon profitieren. Natürlich hat Marco Polo in seinen Geschichten die Wahrheit gesagt! Alle guten Menschen sagen immer die Wahrheit.

Aber seit kurzem bin ich wieder unruhig geworden. Ich muß auf eine andere Suche gehen, auf drei andere Suchen genaugenommen.

Ich glaube, daß es noch drei weitere wahre Abenteuer von Marco Polo gibt, die der Schreiber Emil vom Lande ihm gestohlen und als eigene Erfindungen ausgegeben hat. Ich bin entschlossen, diesen drei Episoden auf die Spur zu kommen. Aber wenn ich bei jeder dreißig Jahre brauche, bin ich alt oder tot, bevor ich am Ende bin.

Aber selbst hier schimmert ein heller Hoffnungsstrahl.

Eine der drei Geschichten war das Abenteuer vom ›Jungbrunnen‹. Emil vom Lande hielt es für ein Märchen, aber ich glaube, daß Marco Polo die Wahrheit geschrieben hat. Danach mache ich mich als erstes auf die Suche. Gleich morgen widme ich mich dieser Aufgabe voll und ganz.

Illustration von Arno Langnickel

England

BOB SHAW ist Ire, 1935 in Belfast geboren. Zunächst arbeitete er als Maschinenbauingenieur, dann in einem Pressebüro, als Taxifahrer und als Journalist. Seit 1975 ist er freier Schriftsteller.

Anfang der 50er Jahre erschienen seine ersten SF-Kurzgeschichten in verschiedenen englischen Magazinen. Eine davon wurde 1966 für den Nebula-Preis nominiert. Für ›Orbitsville‹ erhielt er 1966 den britischen SF-Preis.

Shaws Stärke liegt weniger im Hinausgehen über die traditionellen Grenzen der SF als in der Kenntnis der technischen Details und dem Einfallsreichtum bei der Beschreibung einer fiktiven Situation samt den Menschen, die in ihr leben. Dazu kommt seine schriftstellerische Sicherheit, wenn es darum geht, selbst aus einem herkömmlichen Thema ein packendes, unterhaltsames Abenteuer zu machen.

Die Geschichte ›Parasiten‹ wurde im Sommer 1981 für den vorliegenden Band geschrieben und wird hier dem Leser vorgestellt – der hoffentlich hinter den Schreckensvisionen auch Shaws augenzwinkernden, abgründigen Humor sieht.

Bob Shaw

Parasiten

Herley wurde wach, als seine Frau aus dem Bett stieg. Um ihren nackten Körper nicht sehen zu müssen, hielt er die Augen geschlossen und lauschte angestrengt, während sie im Zimmer herumtappte. Er hörte ein seidiges Knistern, als sie ihr Nachthemd auszog – worauf er die Augen noch fester zusammenkniff –, und ein Rascheln von schwererem Stoff, das ihm verriet, daß sie einen Morgenrock angezogen hatte. Er atmete auf und ließ zu, daß die Morgensonne mit ölig-hellen Lichtnadeln seine Wimpern durchdrang.

»Was möchtest du zum Frühstück?« fragte June Herley.

Er vermied es immer noch, sie anzusehen.

»Das Übliche – Kaffee und eine Zigarette.« *Das ist nicht genug,* fügte er im stillen hinzu. *Das Frühstück ist die wichtigste Mahlzeit des Tages.*

Sie blieb an der Schlafzimmertür stehen.

»Das ist nicht genug. Das Frühstück ist die wichtigste Mahlzeit des Tages.«

»Na gut – dann Kaffee und *zwei* Zigaretten.«

»Ach, *du!*« Sie trat in den Flur hinaus, und er hörte, wie sie sich die Treppe hinunter- und in die Küche hineinwälzte. Herley stand nicht gleich auf. Er verschränkte die Hände hinter dem Kopf und versuchte wieder einmal das Rätsel zu ergründen, was aus dem Mädchen geworden war, das er geheiratet hatte. Bloß acht Jahre hatte sie gebraucht, um sich von einem schlanken, lebhaften Wesen in einen hoffnungslos schwabbelnden Koloß zu verwandeln. In dieser Zeit waren die flachen Kegel ihrer Brüste zu riesigen hängenden Formen geworden, die ehemals jungenhaften Gesäßbacken und Oberschenkel zu wulstigen Fettsäcken, die beim kleinsten Anstoß vielfarbige Blutergüsse produzierten, welche oft wochenlang anhielten. Zumeist war ihr Gesicht das einer Fremden, aber zu Zeiten konnte er die Züge jener anderen June, die er geliebt hatte, durchschimmern sehen, wie sie wehrlos unter Wogen bleichen Gewebes ertranken.

Manchmal schienen es die seelischen Veränderungen zu sein, die ihn am meisten erschreckten, seinen Abscheu erregten, ihn vor ein Rätsel stellten und in Wut brachten. Die andere June hätte jede Entbehrung ertragen, um dem talgigen Kerker des Fleisches zu entfliehen, aber die Frau, mit der er jetzt sein Heim teilte, fand sich erregungslos mit ihrem Zustand ab und stützte und förderte den Tyrann ihres Magens noch. Ihre neueste Selbsttäuschung – daran lag es auch, daß sie ihn wegen des Frühstücks gedrängt hatte – war eine Diät, die ausschließlich aus Eiweiß und Fett bestand, zu vertilgen in jeder gewünschten Menge, solange nicht die Spur von Kohlehydraten aufgenommen wurde. Herley hatte keine Ahnung, ob das System bei anderen Personen wirken mochte oder nicht, aber daß es bei June keine Chance hatte, wußte er. Sie benützte es als Rechtfertigung, um in seiner Gegenwart drei- oder viermal am Tag enorme, fette Mahlzeiten zu verspeisen und sich dazwischen – während seiner Abwesenheit – mit Süßigkeiten vollzustopfen.

Der Geruch nach brutzelndem Schinken, der von der Küche heraufdrang, erinnerte Herley daran, daß seine Frau ihre neue Form der Unehrlichkeit erst noch eingestehen mußte. Er stand auf, ging rasch zum Flur und die Treppe hinunter, lautlos auf nackten Sohlen, und öffnete die Küchentür. June war über den geöffneten Abfalleimer mit seinem Pedal gebeugt und aß Schokoladeneis aus einer Kunststoffschale. Als sie ihn sah, wimmerte sie erschrocken und ließ die Schale in den Eimer fallen.

»Sie war fast leer«, sagte sie. »Ich habe nur . . .«

»Macht ja nichts – du begehst ja kein Verbrechen«, sagte er lächelnd. »Mein Gott, was wäre das für ein Leben, wenn du keinen Spaß am Essen hättest?«

»Ich dachte, du . . .« June starrte ihn erleichtert, aber unsicher an. »Du mußt mich in diesem Zustand doch hassen.«

»Unsinn!« Herley legte die Arme um seine Frau und zog sie an sich, wie immer entsetzt über die *Schlaffheit* ihres Fleisches, das Gefühl, daß sie in ein absurdes und schlechtsitzendes Kleidungsstück gewickelt war. Mitte der Dreißig, war er hochgewachsen und mager, mit einem Knochenbau und karger Muskulatur, die man mit der Klarheit Leonardo da Vincis hinter straffer, trockener Haut sehen konnte. Beobachten zu müssen, wie Junes Körper langsam von Fettgewebe überwältigt worden war, hatte ihn mit solchem Grauen vor einem ähnlichen Schicksal erfüllt, daß er sich vollkommen fettfrei ernährte und oft nur eine einzige Mahlzeit am Tag zu sich nahm. Zusätzlich betrieb er mindestens dreimal in der Woche angestrengt Körperertüchtigung, entschlossen, jedes einzelne fettige Molekül zu verbrennen, das sich heimlich in seinen Körper eingeschlichen haben mochte.

»Ich trinke meinen Kaffee gleich, wenn er fertig ist«, sagte er, als er das Gefühl hatte, die körperliche Berührung lange genug ausgehalten zu haben. »Ich muß in dreißig Minuten gehen.«

»Aber du hast doch deinen freien Tag.«

»Sonderauftrag. Ich habe ein Interview mit Hamish Corcoran vereinbart.«

»Warum geht das nicht an einem Arbeitstag?«

»Ich kann von Glück sagen, daß ich ihn überhaupt spreche – seit er von der Klinik ausgeschieden ist, lebt er praktisch wie ein Einsiedler.«

»Ich weiß, der Arme«, sagte June nachdenklich. »Es heißt, der Schock bei dem, was seiner Frau zugestoßen ist, hätte ihn den Verstand gekostet.«

»Es heißt vieles, was gar nicht lohnt, sich anzuhören.« Herley hatte kein Interesse am Privatleben des Biochemikers, sondern nur an einem faszinierenden Aspekt seiner Arbeit, von dem er ein paar Abende zuvor das erstemal erfahren hatte.

»Sei nicht so gefühllos«, rügte June. »Wenn du heimkämst und entdecken müßtest, daß mich irgendein Irrer brutal niedergemetzelt hat, würdest du wohl nur mit den Achseln zucken und dir eine andere Frau suchen.«

»Erst nach dem Begräbnis.« Herley lachte laut, als er den Gesichtsausdruck seiner Frau sah. »Sei nicht albern, Schatz – du weißt, daß ich nie eine andere an deine Stelle setzen würde. Das Verheiratetsein ist für mich eine einmalige Sache auf Dauer.«

»Wird auch gut sein.«

Herley schloß seine Morgentoilette ab und genoß es, sein Rasiermesser am Streichriemen zu schärfen und sein Gesicht mit den ebenen Flächen zu rasieren, bis es rosig schimmerte. Er trank als Frühstück eine Tasse schwarzen Kaffee und ging, während June noch in der Küche saß und ihre massigen Hüften über den Stuhlrand hinausquollen. Sie verblieb in unübersehbarer Absicht am Tisch, obwohl sie schon genug Kalorien für den ganzen Tag zu sich genommen hatte. *Es hat keinen Zweck, sich darüber aufzuregen,* dachte Herley. *Vor allem heute nicht ...*

Die eine Meile zum Bahnhof Aldersley legte er zu Fuß zurück, entschlossen, den Frühzug nach London nicht zu versäumen. Hamish Corcoran hatte während seiner Tätigkeit an der Klinik in Aldersley gewohnt, war aber nach dem Eintritt in den Ruhestand in ein Dorf bei Reading gezogen, ungefähr sechzig Meilen entfernt, auf der anderen Seite von London. Ihn zu erreichen, würde einen beträchtlichen Teil des Tages in Anspruch nehmen. Die Reise würde wohl ermüdend sein, aber Herley hatte das Gefühl, daß sie sich lohnen sollte. Als Redakteur an der ›Aldersley Post‹ stockte er sein Einkommen gern auf, indem er hier und da einen in seiner Freizeit geschriebenen Artikel über Fragen von besonderem Interesse einreichte. Normalerweise hätte er für Recherchen nicht mehr als ein paar Meilen zurückgelegt – seine Mußestunden waren zu kostbar dafür –, aber hier handelte es sich nicht um eine normale Gelegenheit, und bei dem Ganzen sollte mehr herausspringen als Geld.

Wie er befürchtet hatte, waren Zug- und Omnibusanschlüsse ungünstig, und es war beinahe Mittag, bis er die Buchenallee und die sonnenüberfluteten Rasenflächen fand, wo Corcoran wohnte. Sein Haus war typisch für die Zeit der Jahrhundertwende, mit Doppelfassade, durch hohes Gesträuch von der Straße aus fast nicht zu sehen. Herley spürte einen neidischen Stich, als er den Kiesweg hinaufging – so exzentrisch geworden zu sein, daß er nicht mehr hatte weiterbeschäftigt werden können, wie es von Corcoran behauptet wurde, schien sich auf seinen Lebensstandard nicht nachteilig ausgewirkt zu haben.

Er drückte auf den Klingelknopf und wartete. Halb rechnete er damit, daß eine Haushälterin öffnen würde, aber der grauhaarige Mann, der dann erschien, war ohne Zweifel der Eigentümer. Hamish Corcoran war um die Sechzig, von schmächtigem Körperbau, mit hängenden Schultern und einem schmalen Gesicht, aus dem humorvolle blaue Augen und blendend weiße Zähne strahlten. Trotz der Sommerhitze trug er eine dicke Strickjacke und einen schmalen Wollschal, unter dem man einen gestärkten Kragen und eine blaue Fliege sehen konnte.

»Guten Tag, Mr. Corcoran«, sagte Herley. »Ich habe Sie gestern angerufen. Ich bin Brian Herley von der ›Post‹.«

Corcoran lächelte ihn strahlend an.

»Kommen Sie rein, mein Junge, kommen Sie rein! Es ist sehr schmeichelhaft, daß Ihr Chefredakteur über meine Arbeit etwas veröffentlichen will.«

Herley beschloß, nichts davon zu erwähnen, daß in der Redaktion niemand von diesem Besuch wußte.

»Tja, die ›Post‹ war immer an der Forschungsarbeit in Aldersley interessiert, und wir sind der Meinung, daß die Öffentlichkeit mehr über das dort Geleistete erfahren sollte.«

»Ganz richtig! Also, wenn Sie auch nur annähernd so sind wie die anderen Herren von der Presse, die ich kenne, werden Sie einem Schlückchen Malzwhisky nicht abgeneigt sein. Habe ich recht?«

»Das *ist* ein Tag, der Durst macht.« Herley folgte dem älteren Mann in einen kühlen, dunklen Raum an der Rückseite des Hauses und wurde in einen Ledersessel genötigt. Er betrachtete das Zimmer, während Corcoran an einer Anrichte Drinks eingoß, und sah, daß die Regale an den Wänden einen Wust von Büchern, amtlich aussehenden Akten und sonderbaren elektronischen Geräten enthielten, deren Aufgabe sich nicht ohne weiteres erschloß. Corcoran reichte ihm eine großzügig bemessene Menge Whisky in einem schweren Kristallglas und ließ sich hinter einem geschnitzten Schreibtisch nieder.

»Und wie steht es in Aldersley?« fragte Corcoran und nippte an seinem Glas.

»Ach, da ist alles beim alten.«

»Mit anderen Worten, nicht der Rede wert – vor allem, nachdem Sie einen so weiten Weg zurückgelegt haben, um mich zu befragen.« Corcoran trank wieder einen Schluck Whisky. Herley ging plötzlich auf, daß der kleine Mann ziemlich betrunken war.

»Ich habe nicht viel Zeit, Mr. Corcoran. Vielleicht können Sie mir für den Laiengebrauch eine kurze Zusammenfassung dieser ganzen Geschichte von langsamen und schnellen Muskeln geben. Ich muß gestehen, daß ich nie richtig verstanden habe, worum es dabei eigentlich geht.«

Corcoran machte ein zufriedenes Gesicht und hielt auf der Stelle einen in Maßen fachmännischen Vortrag über seine Arbeit auf dem Gebiet der Nervenchemie. Er sprach mit der eifrigen Geläufigkeit eines Menschen, der seit langer Zeit der Zuhörer beraubt ist. Herley heuchelte Interesse und machte sich von Zeit zu Zeit sogar Notizen, während er auf eine Gelegenheit wartete, zu dem eigentlichen Grund für seinen Besuch zu kommen. Er wußte bereits, daß die Forschungsgruppe im Allgemeinen Krankenhaus Aldersley mit Entdeckungen im Hinblick auf den Grundaufbau des Muskelgewebes befaßt gewesen war. Versuche hatten gezeigt, daß ›schnelle‹ Muskeln wie die des Beines in ›langsame‹ wie die Bauchmuskeln einfach dadurch verwandelt werden konnten, daß man die Hauptnervenstränge durchtrennte und sie verkehrt wieder zusammenfügte, in einem Verfahren, das dem Austausch von Batterieanschlüssen entsprach.

Man war davon ausgegangen, daß der Muskeltyp nicht durch die genetische Anlage, sondern durch irgendeinen Faktor in den zugeführten Nervenimpulsen bestimmt wurde. Hamish Corcoran hatte die Theorie entwickelt, die Erscheinung werde hervorgerufen von einem chemischen Ernährungsstoff, der vom Nerv zum Muskel rann. Er hatte schon mit der Arbeit daran begonnen, den betreffenden Stoff zu finden und rein darzustellen, als der tragische Tod seiner Frau seine Forschungen unterbrach. Bald danach war er überredet worden, in den Ruhestand zu treten. Den Gerüchten nach, die in Aldersley umgingen, sollte er den Verstand verloren haben, aber dank eines eifrigen Vertuschungsfeldzugs der Klinik, die ihren Ruf nicht gefährdet sehen wollte, waren nie Einzelheiten an die Öffentlichkeit gedrungen.

»Ich habe mich vollkommen geirrt, was die chemische Art der Nervenbeeinflussung angeht«, erklärte Corcoran. »Inzwischen ist erwiesen, daß der wesentliche Faktor die elektrische Reizung ist – langsame Muskeln empfangen fast ununterbrochen ein Signal von niederer Frequenz, schnelle Muskeln kurze Stöße auf viel höherer Frequenz –, aber das Faszinierende an der Wissenschaft ist eben, daß Fehler, die man macht, ungeheuer wertvoll sein können. Man kann sozusagen den Weg nach China suchen und Amerika entdecken. In meinem Fall war Amerika ein Präparat, das eine vollständige und mühelose Beherrschung der Fettleibigkeit ermöglichte.«

Die abschließende Feststellung schreckte Herley auf wie ein Sturz in kaltes Wasser.

»Das ist sehr interessant«, sagte er. »Beherrschung der Fettleibigkeit, wie? Ich hätte angenommen, daß dafür enorme Marktaussichten bestehen.«

»Da hätten Sie falsch angenommen.«

»So? Soll das heißen, daß das Präparat nicht hergestellt werden konnte?«

»Keine Spur! Ich konnte ohne große Schwierigkeiten eine Probemenge herstellen.« Corcoran blickte auf ein Bücherregal zu seiner Rechten, dann bemerkte er, daß sein Glas leer war. Er stand auf und ging zum dritten Mal während des Gesprächs zur Anrichte, um sich nachzugießen. Herley benützte die Gelegenheit, um den Blick über das Regal gleiten zu lassen, das der ältere Mann im Auge gehabt hatte, und entdeckte eine kleine rote Schachtel. Sie war reich verziert und sah billig aus, von der Art, wie sie in Mengen für Andenkenläden hergestellt wurden, und wirkte in ihrer Umgebung fehl am Platz.

Da sind die Pillen, dachte Herley in wildem Triumph. Bis zu diesem Augenblick hatten ihn nagende Zweifel an der Richtigkeit der Information belastet, die er ein paar Abende vorher von einem betrunkenen Laborgehilfen erhalten hatte. Er war mit dem Laborassistenten in einer Kneipe zusammengetroffen, halben Herzens einem Hinweis über Mißstände in der Krankenhausverwaltung auf der Spur, als in einem Meer von Belanglosigkeiten die Spitze der Geschichte über Corcorans Wundermittel auftauchte. Es hatte Herley einen größeren Betrag gekostet, das Wenige aus dem Mann herauszuholen, was er wußte, und außerdem war er gezwungen gewesen, die Möglichkeit einzuberechnen, daß man ihn – wie es bei Journalisten manchmal vorkommt – geschickt hereingelegt hatte. Bis zu dem Moment, als Corcorans Blick auf die rote Schachtel gefallen war . . .

»Warum trinken Sie nicht, junger Mann?« fragte Corcoran mit gespielter Strenge, als er zu seinem Schreibtisch zurückkehrte. Seine Stimme klang immer noch frisch und klar, aber auf seinen Wangen brannten rote Flecke, und sein Gang war merklich unsicher.

Herley trank einen winzigen Schluck von seinem ersten Glas, wobei er kaum die Lippen befeuchtete.

»Auf leeren Magen ist ein Glas genug für mich.«

»Ah, ja.« Corcoran ließ den Blick über Herleys mageren Körper gleiten. »Sie essen nicht viel, wie?«

»Nein. Ich achte gern auf mein Gewicht.«

Corcoran nickte.

»Sehr vernünftig. Viel besser, als sich von seinem Gewicht beherrschen zu lassen.«

»Da besteht keine Gefahr.« Herley lachte behaglich.

»Das ist nichts zum Lachen, mein Junge«, sagte Corcoran. »Ich meine das ganz wörtlich – wenn das Fettgewebe im Körper eines Menschen eine gewisse Schwellenmasse erreicht, kann es ganz im Wortsinn mit der Zeit das Handeln dieser Person steuern. Es kann die Herrschaft über das ganze Leben dieses Menschen antreten.«

Zum erstenmal in ihrem Gespräch entdeckte Herley eine Spur von Irrationalem in den Worten seines Gastgebers, die erste Bestätigung für die alten Gerüchte über sein exzentrisches Verhalten. Corcoran wirkte zumindest sehr schrullig, und trotzdem rief, was er sagte, in Herleys Gemüt eine seltsame Beunruhigung hervor. Wie oft hatte er sich gefragt, woher es kam, daß June, die einmal so streng auf ihr Aussehen geachtet hatte, jetzt zuließ, daß sie von ihrem Appetit beherrscht wurde.

»Manchen Menschen fehlt es ein bißchen an Willenskraft«, meinte er. »Sie verfallen in die Gewohnheit, zuviel zu essen.«

»Glauben Sie wirklich, daß das alles ist, was dahintersteckt? Empfinden Sie das nicht als sehr eigenartig?«

»Tja, ich . . .«

»Nehmen Sie den Fall einer jungen Frau, die kraß übergewichtig geworden ist«, unterbrach ihn Corcoran. Er sprach sehr schnell, und seine blauen Augen flammten. »Ich wähle für das Beispiel eine Frau, weil Frauen von Natur aus größeren Wert darauf legen, äußerlich zu gefallen. Nehmen wir den Fall einer jungen Frau, die, sagen wir, fünfzig Prozent oder mehr über ihrem Normalgewicht liegt. Sie ist häßlich, abstoßend, *krank*. Entweder wird sie von ihren Mitmenschen geschnitten oder zieht es selbst vor, Kontakte mit anderen zu meiden. Ihre Aussichten auf sexuelle Erfüllung sind praktisch gleich Null, ihre Lebenserwartung ist stark verringert, und die Jahre, auf die sie zählen kann, versprechen nichts als Krankheit, Selbstekel und das Gefühl, unglücklich zu sein. Haben Sie das Bild vor Augen?«

»Ja.« Herley rutschte unruhig hin und her.

»Nun kommen wir zum eigentlich Bedeutsamen des Falles, nämlich: Diese Frau *weiß*, daß ihre Qual unnötig ist, daß sie ihr entkommen und ihr Äußeres verändern kann. Sie kann schlank, gesund, attraktiv, lebensfroh werden. Sie kann nach allem greifen, was das Leben lebenswert macht. Es ist ganz wenig erforderlich – sie braucht nur einen normalen Speisenplan einzuhalten. Das ist ein lächerlich geringer Preis, den sie zu entrichten hat, das größte Geschäft aller Zeiten – so, als bekäme man für seine alten, abgelegten Socken eine Million Pfund geboten – aber was geschieht?« Corcoran legte eine Pause ein, um einen Schluck zu trinken, und das Glas vibrierte kurz an seinen Zähnen.

»Ich habe praktisch erlebt, was geschieht«, sagte Herley, der sich fragte, wohin das Gespräch führen sollte. »Sie ißt weiterhin mehr, als ihr Körper verlangt.«

Corcoran schüttelte den Kopf.

»Das ist die übliche und allzu vereinfachte Meinung, mein Junge. Sie ißt weiterhin mehr als sie, die eigentliche Person, braucht – aber in Wirklichkeit ißt sie genau die richtige Menge, die den Bedürfnissen des Korpulenzorgans entspricht.«

Herleys Unbehagen wuchs.

»Tut mir leid, ich fürchte, ich kann nicht ganz . . .«

»Ich spreche vom Fett«, sagte Corcoran mit Nachdruck. »Was wissen Sie über das Fett?«

»T-ja . . . was gibt es da zu wissen? Ist es nicht dasselbe wie tierisches Fett?«

»Ein notorisches Mißverständnis. Das menschliche Körperfett ist in Wahrheit eine sehr komplexe Substanz, die sich wie ein sehr großes Organ verhält. Die meisten Leute unterstellen dem Korpulenzorgan eine schlechte Blutversorgung, vermutlich deshalb, weil es von blasser Farbe ist und bei einem chirurgischen Eingriff nur wenig blutet, aber in Wirklichkeit besitzt es in sehr engen Kapillargefäßen eine stark ausgedehnte Blutversorgung, und die Dichte dieser Kapillargefäße ist größer als bei den Muskeln. Sie steht nur jener in der Leber nach. Wichtiger noch, das Korpulenzorgan besitzt auch ein feines Netz von Nerven, die an das Zentralnervensystem angeschlossen und fähig sind, mit ihm zu reagieren.« Corcoran trank wieder und sah Herley über den Rand seines Glases hinweg an. »Verstehen Sie, was ich sage?«

»Nein.« Herley lachte unsicher. »Eigentlich nicht.«

Corcoran beugte sich vor, während die roten Wimpel an seinen Backen gleißten.

»Ich sage Ihnen, daß das Korpulenzorgan ein eigenes Leben besitzt. Es verhält sich wie jeder andere Schmarotzer – selbstsüchtig, auf die Wahrung der eigenen Interessen bedacht. Er beherrscht seine eigene Umwelt, so gut er kann, was bedeutet, daß er seinen Wirt beherrscht. Deshalb unterliegen fettleibige Menschen dem Zwang, sich weiter zu überessen, weiter fett zu sein – kein Korpulenzorgan läßt freiwillig zu, daß es getötet wird!«

Herley starrte den anderen mit unverhohlener Angst im Herzen an. Er hatte stets eine krankhafte Furcht vor der Geisteskrankheit gehabt und verspürte nun den schier unwiderstehlichen Drang, die Flucht zu ergreifen.

»Das ist eine sehr ... interessante Theorie«, sagte er schließlich und leerte sein Glas, um die plötzliche Trockenheit in seinem Mund zu bekämpfen.

»Es ist mehr als eine Theorie«, erwiderte Corcoran. »Und das erklärt, weshalb es einer Person, die abzunehmen versucht, zunehmend schwerer fällt, Diät zu halten – wenn das Korpulenzorgan sich bedroht fühlt, kämpft es heftiger um sein Leben. Eine Person, die einen *Teil* Fettgewebe verliert, setzt es fast immer wieder an. Nur in den ganz seltenen Fällen, wo es dem entschlossenen Abmagerungskandidaten gelingt, das Korpulenzorgan unter seine Schwellenmasse für autonomes Bewußtsein herunterzuhungern, erreicht er erfolgreich sein Normalgewicht. Dann fällt es plötzlich leicht, Diät zu leben, und er vermag sein ganzes weiteres Leben lang schlank zu bleiben.«

Herley gab sich alle Mühe, nicht die Fassung zu verlieren.

»Das ist wirklich faszinierend, aber ich sehe nicht, wie das mit Ihren Worten vorher übereinstimmt. Wenn es möglich wäre, ein Präparat herzustellen, das dieses ... äh ... Korpulenzorgan ... äh ... töten könnte, dann besäße es aber doch wirklich einen ungeheuren Marktwert.«

»Das Präparat *kann* hergestellt werden«, sagte Corcoran und blickte wieder nach rechts. »Ich sagte schon, daß ich eine Probemenge produziert habe, und zwar in Form eines zielgerichteten Liposoms. Bei einem Erwachsenen genügen vier Dosen von je einem Kubikzentimeter täglich, um eine dauernde Normalisierung des Körpergewichts zu erreichen.«

»Wo liegt dann das Problem?«

»Na, beim Korpulenzorgan selbst«, sagte Corcoran mit nachsichtigem Lächeln. »Es wehrt sich gegen einen langsamen Tod sehr wirksam – wie wird es dann Ihrer Meinung nach reagieren, wenn es sich einem plötzlichen Tod ausgesetzt sieht? Ohne zu begreifen, was innerhalb seines eigenen Körpers und Nervensystems vorgeht, würde der Patient eine überaus starke Aversion gegen das Mittel empfinden und alles unternehmen, um es zu meiden. Ich glaube, damit erledigt sich Ihr Marktwert.«

Das wird ja immer verrückter, dachte Herley.

»Und wenn Sie das Mittel tarnen?« fragte er. »Oder mit Gewalt verabreichen?«

»Ich glaube nicht, daß das Korpulenzorgan sich würde täuschen lassen, vor allem nach der ersten Dosis – und schließlich *gibt* es ja die medizinische Ethik.«

Herley starrte in Corcorans gerötetes Gesicht und fragte sich, wie es weitergehen sollte. Es war leicht einzusehen, weshalb die Klinik in Aldersley beschlossen hatte, sich im stillen von Corcoran zu trennen. Der Mann mochte auf seinem Gebiet ein brillanter Bahnbrecher sein, war aber offenkundig geistesgestört. Ohne die unabhängigen Mitteilungen des Laborgehilfen hätte Herley erhebliche Zweifel an der Wirksamkeit von Corcorans radikaler neuer Droge gehabt. Das Präparat schien jetzt noch weniger erreichbar und damit um so verlockender zu sein als je zuvor.

»Wenn das der Fall ist«, sagte Herley zögernd, »würden Sie wohl nicht daran interessiert sein, die Probemenge je zu verkaufen.«

»Zu *verkaufen!*« Corcoran lachte ächzend. »Nicht für eine Million, mein Junge. Nicht für eine Milliarde.«

»Ich muß Ihre Grundsätze bewundern, Sir – ich fürchte, mich würden schon ein paar hundert Pfund in Versuchung führen«, erklärte Herley mit einer wehmütigen Grimasse, stand auf und steckte sein Notizbuch ein. »Es war mir ein Vergnügen, mit Ihnen zu sprechen, aber jetzt muß ich zurück nach Aldersley.«

»Für mich war die Freude noch größer – ich langweile mich sehr, allein hier in dem großen Haus, seit meiner ...« Corcoran stand auf und drückte Herley über den Schreibtisch hinweg die Hand. »Vergessen Sie nicht, mir ein Exemplar zuzuschicken.«

»Exemplar? Ach so. Ich schicke Ihnen ein halbes Dutzend, wenn der Artikel gedruckt wird.« Herley verstummte und blickte an Corcoran vorbei auf den Garten hinaus, der durch das Erkerfenster zu sehen war. »Das ist ein schöner Strauch, nicht wahr?

Der mit den grauen Blättern.«

Corcoran wandte sich ab und schaute hinaus.

»Ah, ja. Meine *Olearia scilloniensis*. Gedeiht auf diesem Boden sehr gut.«

Herley handelte mit der Geschwindigkeit der Panik, trat seitwärts zu den Bücherregalen auf seiner linken Seite, riß die rote Schachtel an sich und schob sie in sein Jackett, wo er sie mit dem Arm an den Brustkorb preßte. Er stand wieder an seinem alten Platz, als Corcoran vom Fenster zurückkam und ihn hinausführen wollte. Corcoran stützte sich dabei am Schreibtisch ab.

»Noch einmal vielen Dank«, sagte Herley, bemüht, gelassen zu wirken, obwohl sein Herz wie rasend schlug. »Sie brauchen mich nicht hinauszubegleiten – ich finde den Weg schon.«

»Davon bin ich überzeugt, aber noch eins, bevor Sie gehen.«

Herley dehnte seine Lippen zu einem steifen Lächeln.

»Was meinen Sie, Mr. Corcoran?«

»Ich will wiederhaben, was mir gehört.« Corcoran streckte die Hand aus. »Die Schachtel, die Sie aus dem Regal genommen haben – die möchte ich, aber *sofort!*«

»Ich weiß nicht, wovon Sie reden«, sagte Herley, bemüht, gleichzeitig überrascht und beleidigt zu wirken. »Wenn Sie damit andeuten wollen ...« Er brach ab, diesmal ehrlich überrascht, als Corcoran vorwärts stürzte und sich abmühte, die Hände in seine Jacke zu stoßen. Herley blockte ab, versuchte Corcoran von sich wegzuschieben und wurde durch die unerwartete Kraft und Beharrlichkeit des kleinen Mannes daran gehindert. Die beiden Männer drehten sich in einem absurden Schleiftanz, dann setzte Herleys überlegene Kraft sich durch, und er konnte sich abrupt losreißen. Corcoran wurde zurückgeschleudert und durch die Kante des Marmorkamins zum Stehen gebracht, die ihn an der Schädelbasis traf. Seine Augen verdrehten sich sofort nach oben, blinde, weiße Halbmonde, aus seiner Nase schoß Blut. Unter erschreckendem Geklirr von Schürhaken stürzte er auf den Rost und blieb regungslos liegen.

»Das haben Sie sich selbst zuzuschreiben«, beschuldigte ihn Herley im Zurückweichen, durch die Finger murmelnd, die er auf seine Lippen gepreßt hatte. »Das kommt davon, wenn man zuviel trinkt. Das ist ...«

Er verstummte und schaute sich, getrieben von einem hämmernden Gefühl des Gehetztseins, im Zimmer nach Spuren seines Besuches um. Das Whiskyglas, aus dem er getrunken hatte, stand noch auf der Armlehne des Ledersessels. Er griff mit zitternden Fingern danach, trocknete und polierte es mit seinem Taschentuch und stellte es zu den anderen auf die Anrichte, dann trat er an den Schreibtisch. Unter den dort verstreuten Papieren fand er einen großen Terminkalender, aufgeschlagen beim heutigen Datum. Er überflog die in Frage kommende Seite, vergewisserte sich, daß sein Besuch nicht vermerkt war, und eilte hinaus, ohne noch einen Blick auf das zu werfen, was im offenen Kamin lag.

Herley verspürte eine vage und dumpfe Überraschung angesichts der Entdeckung, daß die Welt draußen noch genauso aussah wie vorher – warm und grün, sommerfriedlich, unbeteiligt. Selbst die Muster von Sonnenlicht und Laubschatten sahen unverändert aus, so, als hätte das Grauenhafte in Corcorans Arbeitszimmer in einem anderen Kontinuum stattgefunden, wo keine Zeit existierte.

Dankbar für die Abschirmung durch Bäume und hohes Gesträuch, umklammerte Herley die rote Schachtel fester und machte sich auf den Heimweg.

»Wunderbar«, stieß June hervor, ohne den Blick von der kleinen Flasche abwenden zu können, die Herley auf den Küchentisch gestellt hatte. »Beinahe zu schön, um wahr zu sein.«

»Aber es *ist* wahr – ich garantiere dafür.« Herley griff nach der Injektionsspritze, die er in der roten Schachtel gefunden hatte, und sah sich die Kanüle an. Er hatte auf der Rückfahrt von Reading wichtige Entscheidungen getroffen. Seine Frau wußte schon, wo er sich untertags aufgehalten hatte, so daß nichts anderes übrigblieb, als zu warten, bis die Nachricht von Corcorans ›Unfalltod‹ bekannt wurde, und Entsprechendes von sich zu geben. Wenn die Leiche rasch gefunden wurde: *Guter Gott! Das muß dem armen Mann passiert sein, bald nachdem ich gegangen bin – aber ich glaube nicht, daß es Sinn hat, in die Sache verwikkelt zu werden, nicht?* Oder falls es längere Zeit dauerte, bis der Tote gefunden wurde, was durchaus möglich war: *Stell dir das vor! Möchte nur wissen, ob das ungefähr zu der Zeit geschehen sein kann, nachdem ich ihn besucht hatte ...*

Auf jeden Fall gedachte er falsch darzustellen, wie und wo er das Präparat erlangt hatte, um zu verhindern, daß June darüber sprach und möglicherweise bei anderen Leuten Gedankenverbindungen herstellte.

»Denk nur, Liebling«, sagte er begeistert. »Vier kleine Injektionen, das ist alles, was nötig sein wird. Keine Diät, kein lästiges Kalorienzählen, keine Mühe. Ich verspreche dir, du wirst wieder ganz die werden, die du gewesen bist.«

June blickte auf ihre Riesenbrüste und die enorme Wölbung ihres Bauchs hinunter, die nicht einmal das weiteste Gewand verhüllen konnte.

»Es wäre herrlich, wieder schöne Sachen tragen zu können.«

»Wir kaufen einen ganzen Schrank voll. Kleider, Unterwäsche, Badeanzüge – alles.«

Sie lachte erfreut.

»Glaubst du wirklich, daß ich wieder an den Strand gehen könnte?«

»Das wirst du, Liebes – in einem schwarzen Bikini.«

»Mhm! Ich kann es kaum erwarten.«

»Ich auch nicht.« Herley öffnete die kleine Flasche, kippte sie und füllte die Spritze mit farbloser Flüssigkeit. Er hatte voller Enttäuschung festgestellt, daß das Präparat nicht in Tablettenform hergestellt worden war, die er heimlich in Junes Speisen hätte mischen können, aber daran ließ sich nichts ändern. Nur ein Glück, daß er mit Spritzen umgehen konnte, dachte er.

»Ich glaube, mit Alkoholtupfern und dergleichen brauchen wir uns gar nicht abzugeben«, meinte er. »Gib mir deinen Arm, Schatz.«

Junes Augen richteten sich auf die seinen, und ihre Miene wurde seltsam argwöhnisch.

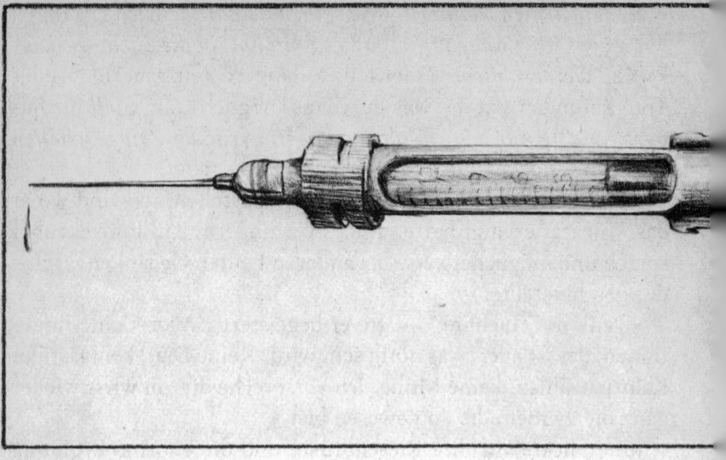

»Jetzt?«

»Was heißt ›jetzt‹? Natürlich jetzt. Gib mir deinen Arm.«

»Nicht so rasch. Ich brauche Zeit zum Überlegen.«

»Was willst du überlegen?« herrschte Herley sie an. »Du glaubst doch hoffentlich nicht, daß ich dich vergiften will.«

»Ich . . . Ich weiß nicht einmal, wo das Zeug herkommt.«

»Aus einer der besten Privatkliniken in der Harley Street, June. Das ist etwas völlig Neues, und es hat mich ein Vermögen gekostet.«

Junes Lippen wirkten blutleer.

»Warum gibt mir der Arzt die Spritzen dann nicht selbst?«

»Für noch einmal hundert Pfund? Na hör mal!«

»Spritzen geben muß man können.«

»Du hast selbst gesehen, wie ich deiner Mutter Dutzende von Injektionen gegeben habe.«

»Ja«, sagte June hitzig, »und meine Mutter ist gestorben.«

Herley glotzte sie an. Er konnte nicht fassen, was er gehört hatte.

»June! Soll diese Bemerkung auch nur einen Funken Logik enthalten? Deine Mutter bekam gerade deshalb Morphium, *weil* sie im Sterben lag.«

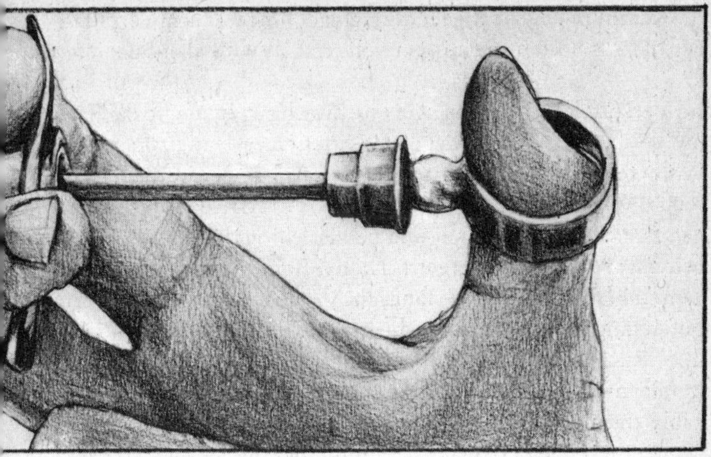

»Ist mir egal.« June drehte ihm den Rücken zu und ging zum Kühlschrank. Die mächtigen Hüften bewegten sich unter dem geblümten Stoff. »Ich überstürze nichts.«

Herley blickte von ihr auf die Spritze in seiner Hand. In seinen Ohren dröhnte das Blut. Er stieß sie mit der linken Seite seines Körpers um, warf sie an den Kühlschrank und klemmte sie dort ein, während sein linker Arm ihren Hals umklammerte. Sie bäumte sich einmal krampfhaft auf und erstarrte zur Unbeweglichkeit, als die Kanüle tief in das schlaff hängende Fleisch ihres rechten Oberarms eindrang. Herley fühlte sich an ein wildes Tier erinnert, das durch Vererbung gehalten war, sich zu ergeben, wenn ein Raubtier es packte, aber das Schuldbewußtsein, das ihn durchzuckte, steigerte seinen Zorn nur noch. Er spritzte grob geschätzt einen Kubikzentimeter von der Flüssigkeit in den Kreislauf seiner Frau, zog die Nadel heraus und trat zurück. Sein Atem ging in Stößen und kehlig knurrend, aber er konnte das nicht unterdrücken.

June umklammerte mit der linken Hand die grellrote Linse, die an ihrem Arm aufgetaucht war, und drehte sich zu ihm herum.

»Habe ich das verdient, Brian?« fragte sie traurig und leise. »Verdiene ich eine solche Behandlung denn wirklich?«

»Komm mir nicht wieder als Heilige, June«, fauchte er. »Früher hat das noch gewirkt, aber von jetzt an wird alles anders.«

Im Verlauf des Abends begann es schwach zu regnen, so daß Herley der Trost versagt blieb, im Garten zu arbeiten. Er saß im Wohnzimmer am Fenster und tat so, als lese er ein Buch, während er verstohlen June beobachtete. Sie vertrieb sich die Stunden vor dem Zubettgehen und behielt ein verletztes Schweigen bei, auf das Gesteck aus getrockneten Blumen starrend, das vor dem unbenützten Kamin stand. In Abständen von fünfzehn Minuten ging sie auf Vorratssuche in die Küche und unternahm bei ihrer Rückkehr keinen Versuch, zu verheimlichen, daß sie kaute. Einmal brachte sie eine Großpackung gesalzene Erdnüsse mit und kaute unablässig, bis sie leer war. Das ganze Zimmer war von dem erstickenden Geruch nach Erdnußöl und Speichel erfüllt.

Herley erduldete die Vorführung ohne Kommentar, in einer Stimmung, die auf sonderbare Weise aus Langeweile und Entsetzen gemischt war. Sich aus Corcorans Haus davonzustehlen, mochte, wie er im Rückblick erkannte, ein schwerer Fehler gewesen sein. Es wäre möglicherweise besser gewesen, sofort die Polizei anzurufen und ihr eine völlig glaubwürdige, unangreifbare Geschichte zu präsentieren, wonach Corcoran sich betrunken habe und rückwärts gegen den Kaminsims gestürzt sei. Auf diese Weise hätte er das Präparat, in seiner Tasche versteckt, behalten und frank und frei aus der Affäre hervorgehen können. So aber würde es ihm einigermaßen schwerfallen, eine plausible Erklärung zu liefern, sollte es den Behörden gelingen, ihn mit Corcorans Tod in Verbindung zu bringen.

Warum hatte der kleine Mistkerl nicht vernünftig sein können? Herley stellte sich die Frage im Laufe des trostlosen Abends noch oft und gelangte immer wieder zur selben Antwort. Jeder, der verrückt genug war, subkutanes, einfach widerliches Fett als mit Bewußtsein und Pseudo-Leben begabt zu betrachten, hätte wohl kaum bei irgendeinem anderen Thema auf Vernunft hören wollen. Der bloße Gedanke reichte aus, um bei Herley ein kaltes, langsam hochkriechendes Gefühl am Rückgrat zu erzeugen und die natürliche Düsternis des Abends um einen Anflug von Horror zu ergänzen.

Während es weiterregnete, wurde es im Haus stetig kühler und feuchter, die Luft roch nach Pilzgewächsen, und Herley bereute, das Feuer nicht schon Stunden früher angezündet zu haben. Außerdem ertappte er sich dabei, daß er sich, für ihn ganz untypisch, nach Alkohol sehnte – ohne Rücksicht auf die Kalorien, die er enthielt –, aber es war nichts im Haus. Er begnügte sich damit, eine Zigarette nach der anderen zu rauchen.

Um halb zwölf Uhr stand er auf und sagte: »Ich finde, das ist genug Fröhlichkeit für einen Abend – gehst du zu Bett?«

»Bett?« June sah zu ihm auf, scheinbar ohne ihn zu verstehen. »Bett?«

»Ja, das, worauf wir schlafen.« Mein Gott, dachte er, wenn ich ihr nun das falsche Mittel gegeben habe? Vielleicht habe ich, was den Inhalt von Corcorans Schachtel angeht, ganz falsche Schlüsse gezogen.

»Ich komme gleich nach«, sagte June. »Ich denke nur nach . . . über alles.«

»Hör mal, was vorhin passiert ist, tut mir leid. Ich habe es für *uns* getan, verstehst du? Es steht medizinisch fest, daß Übergewichtige eine unvernünftige Furcht vor allem zeigen, was eine Drohung . . .« Herley verstummte schlagartig, als ihm klar wurde, daß er den medizinischen ›Tatbestand‹ aus den unsinnigen Äußerungen von Hamish Corcoran entnahm. Er starrte auf seine Frau hinunter und fragte sich, ob es nur die Wirkung seines gestörten Seelenzustands war, daß sie ihm dicker denn je vorkam, ihr Kopf – aus einem verkürzten Blickwinkel – im Vergleich mit den Gletscherwülsten ihren Körpers winzig klein.

»Vergiß nicht, abzusperren«, sagte er und wandte sich ab, um seinen Ekel zu verbergen.

Als er einige Minuten später ins Bett stieg, waren die kühlen Laken eine Beruhigung, und er begriff mit einiger Überraschung, daß es ihm nicht schwerfallen würde, einzuschlafen. Er knipste seine Nachttischlampe aus, so daß es im Zimmer fast völlig dunkel wurde, und ließ seine Gedanken abirren. Der Tag war ohne jeden Zweifel der schlimmste in seinem ganzen Leben gewesen, aber wenn er klaren Kopf behielt, konnte ihm die Polizei nicht das geringste nachweisen. Und was den Ärger mit den Injektionen betraf, so würde Junes Einstellung sich bis zum Morgen gewiß ändern, wenn sie feststellte, daß es keine nachteiligen Folgen gab. Letzten Endes würde doch alles gut werden ...

Herley wurde kurze Zeit später nur einen Augenblick lang wach, als seine Frau ins Bett ging. Er hörte zu, wie sie sich im Dunkeln auszog, die vertrauten Seufzer und Ächzlaute, unterbrochen vom Knistern des Stoffs. Als sie sich neben ihn legte, griff er freundlich nach ihrer Schulter, wobei er das Risiko einging, daß die Geste sexuell ausgelegt wurde, und versank binnen Sekunden in den Schichten des Schlafs, dankbar für das Aufhören der Gedanken.

Der Traum war als solcher sofort erkennbar, weil darin seine Mutter noch lebte. Herley war zwei Jahre alt, sein Vater geschäftlich verreist, so daß Herley im Bett seiner Mutter schlafen durfte. Sie las bis in die frühen Morgenstunden und aß, wie immer, wenn ihr Mann nicht zu Hause war, aus einem Teller selbstgemachtes Fondant, von dem sie dem kleinen Herley ab und zu ein Stückchen gab. Sie war eine große, breite Frau, und er, der an ihrem Rücken lag, empfand diesen wie einen hohen Wall – einen warmen, tröstlichen, lebenden Wall, der ihn für immer gegen die Ungewißheiten und Bedrohungen der Außenwelt beschützen würde. Herley lächelte und bohrte sich tiefer hinein, aber dann wurde alles ganz anders. Der Wall bewegte sich und senkte sich auf ihn. Seine Mutter drehte sich herum, begrub ihn unter ihrem Fleisch, und er konnte nicht schreien, weil ihr nachgiebiger Körper ihm Nase und Mund zudrückte. Sie würde ihn ersticken, ohne zu ahnen, was vorging ...

Mutter!

Herley erwachte im Dunkeln und mit der entsetzlichen Erkenntnis, daß er wirklich erstickte.

Etwas Warmes, Schweres, Schleimiges preßte sich auf sein Gesicht, und er konnte die feuchte Last auf seiner Brust fühlen. Er riß das Etwas von seinem Mund, war aber nur teilweise erfolg-

reich, weil es sich an seine Haut zu klammern schien und mit der Beharrlichkeit von warmem Teer daran festklebte. Seine Finger durchdrangen die Oberfläche und rutschten auf einem Gebrodel warmer Flüssigkeiten ab.

Vor panischer Angst wimmernd, stemmte Herley sich vom Kissen hoch und tastete nach dem Schalter der Nachttischlampe. Er knipste sie an. Aus dem Augenwinkel erhaschte er einen Blick auf etwas, das einmal seine Frau gewesen war und neben ihm lag, ihr nackter Körper blutüberströmt und sonderbar erschlafft, als hätte man die Luft abgelassen, die Haut in blutigen Fetzen. Das Grauen dieses Anblicks blieb jedoch am Rande, weil sein eigener Körper in einer blassen, glitschig glänzenden Gewebemasse untergegangen war, deren Oberfläche ein Netz von feinsten Blutgefäßen überzog.

Er kreischte und versuchte das eklige Zeug wegzureißen. Es ließ sich in wabbelnde, blubbernde Streifen zerfetzen, löste sich aber nicht von ihm, klebte, saugte, bezüngelte ihn mit furchtbarer Intimität.

Herley hörte auf zu kreischen und gelangte in ein neues Reich des Grauens, als er entdeckte, daß die schneckenartig träge Masse auf irgendeine Weise seine Haut durchdrang und in sein Körperinneres gelangte.

Er raffte sich hoch, schleppte das glitschige Zeug mit und gelangte in taumelndem, von Ecken abprallendem Lauf in das Badezimmer nebenan. Beinahe wie von selbst fanden seine Finger das Rasiermesser mit dem Beingriff, und er begann zu schneiden und zu hacken.

Ohne darauf zu achten, daß er sich dabei selbst entsetzliche Wunden zufügte, hackte und hackte er . . .

Kriminalsergeant Bill Myers verließ das Badezimmer, blieb im Flur stehen, um sich eine Zigarette anzuzünden, und ging zu seinem Vorgesetzten ins Schlafzimmer.

»Ich bin schon verdammt lange dabei«, sagte er, »aber bei den beiden hätte ich mich beinahe übergeben. So etwas ist mir noch nie begegnet.«

»Aber mir«, gab Inspektor Barraclough dumpf zurück und wies mit dem Kopf auf die leblose Gestalt im Bett. »So haben wir vor ungefähr zwei Jahren Hamish Corcorans Frau vorgefunden, aber es gelang uns, die Einzelheiten der Presse vorzuenthalten – Sie wissen, wie das heutzutage mit falschen Geständnissen und Nachahmungstätern ist. Hat den Anschein, daß wir die Akte über diesen Fall schließen können, Gott sei Dank.«

»Sie glauben, daß Herley ein Psychopath war?«

Barraclough nickte.

»Er hat sich offenbar zwei Jahre lang nicht gerührt, aber wir wissen, daß er gestern bei Corcoran gewesen ist. Corcoran zu töten, muß ein Auslöser für ihn gewesen sein – er fuhr nach Hause und tat das hier.«

»Mir tut nur seine Frau leid.« Myers trat näher an das Bett heran und zwang sich, zu betrachten, was dort lag. In seinen Augen war ein Mitgefühl sichtbar, das seinem Beruf widersprach. »Ein mageres kleines Ding war sie, was?«

Illustrationen von Peter Rump

RICHARD COWPER ist das Pseudonym des englischen Schriftstellers John Middleton Murry. Unter dem Namen Colin Murry publizierte er 2 Bände einer Autobiographie. Er wurde 1926 geboren, studierte in Oxford und Leicester, arbeitete als Lehrer und zog schließlich nach Devon, wo er heute lebt. Seit 1972 ist er nur noch Schriftsteller.

Sein erster SF-Roman erschien erst 1967, und sein Erfolg blieb auf England beschränkt, bis ihm 1972 mit ›Homunkulus 2072‹ auch in den USA der Durchbruch gelang. Sein Roman ›Dämmerung auf Briareus‹ wird von der Kritik als sein bisher bestes Werk angesehen.

Die folgende Geschichte schrieb Cowper exklusiv für diesen Band. Die romantische, sensible Schreibweise, die das technische Detail der Charakterisierung der Menschen hintanstellt, ist einer der Grundzüge von Cowpers sämtlichen Romanen und Geschichten.

Richard Cowper

Vor langer Zeit und in einem anderen Land

Der Omnibus hatte Verspätung. Tammy und ich warteten schon fast eine Stunde im Schatten unter der großen Eiche, als wir den alten Mr. Dorian auf uns zustapfen sahen. Er trieb auf der Straße zwei junge Kühe vor sich her. Ich rief seinen Namen, weil ich wissen wollte, wie spät es war.

»Tag, Roger, Tag, Tammy«, sagte er. »Der Bus mal wieder spät dran, was?«

»Wie spät ist es, bitte, Mr. Dorian?«

Er tastete in seiner Jacke herum, zog an dem Schnürsenkel, mit dem er ihn befestigt hatte, einen uralten Digital-Chronometer heraus und besah ihn. Die Kühe blickten uns mit ihren großen, sanften Augen an und bliesen leise durch ihre feuchten, rosigen Nüstern.

»Halb drei bei mir«, sagte Mr. Dorian. »Ihr holt jemand ab, wie?«

»Bobby kommt heute auf Urlaub heim«, sagte Tammy.

»So? Kommt auf Urlaub, wie? Scheint noch gar keine Zeit vergangen zu sein, seitdem er fortgekommen ist.«

»Fünfzehn Monate«, sagte ich. »In einer Woche.«

»So? So lange, wie? Und für wie lange kommt er heim?«

»Für sieben Tage«, antwortete ich.

Eine der jungen Kühe hob den Schwanz und ließ einen weichen Klecks auf den grauen Staub der Straße fallen. Mr. Dorian steckte seine Uhr wieder in die Tasche, nickte uns zu und trieb die Tiere an.

»Ihr müßt bestimmt nicht mehr lange warten«, meinte er. »Auf bald.«

Wir sahen ihm nach, bis er auf dem Feldweg, der zum Fluß

hinunterführte, aus unserem Blickfeld verschwand, dann kletterte ich auf die Steinmauer, beschattete die Augen vor dem grellen August-Sonnenschein und starrte in das Tal hinunter.

Weit entfernt, wo die blauen Hügel ineinander übergingen, entdeckte ich ein plötzliches Aufblitzen, als die Sonne von einer Windschutzscheibe widergespiegelt wurde.

»Da kommt was!« rief ich.

»Ist er es?«

»Zu weit weg, als daß ich's sagen könnt'.«

Tammy krabbelte zu mir hinauf.

»Wo?« fragte sie.

Ich zeigte zu den fernen Hügeln hinüber, und sie kniff die Augen zusammen. Ich konnte die weiße Staubwolke gerade noch ausmachen, aber für sie gab es keinen Zweifel.

»Das Einhorn«, sagte sie.

»Kannst du nicht sehen!«

»*Du* nicht«, sagte sie und sprang auf der anderen Seite von der Straße die Mauer hinunter, ging hinter Rübenwurz-Gestrüpp in die Hocke und pinkelte – sie schien das immer tun zu müssen, wenn sie aufgeregt war.

Aber mit dem Bus hatte sie recht. Als er ungefähr zehn Minuten später an der Eiche hielt, stand das Emblem des goldenen Einhorns direkt vor meinen Augen. Ich achtete aber kaum darauf, sowenig wie sie. Wir starrten beide auf die Tür. Sie öffnete sich endlich zischend, und da war Bobby. Er winkte uns zu, warf mir einen Seesack in die Arme, drehte sich um und sprach mit dem Fahrer. Ich starrte hinauf zu seiner dunkelblauen Uniform mit dem goldenen Blitz als Abzeichen und den S.S.C.-Buchstaben, und ich spürte in meiner Brust eine Art Enge, so, als schwelle mein Herz vor Stolz an und müsse jeden Augenblick bersten.

Bobby sprang auf die Straße und grinste uns an.

»He, ihr seid ja emporgeschossen, ihr zwei!« rief er, gab mir mit einer Hand einen kleinen Rippenstoß und zerrte mit der anderen an einem Zopf Tammys.

»Du auch«, sagte ich. »Kann aber auch die Uniform sein.«

»Und der Haarschnitt«, meinte Tammy.

Die Tür rumpelte zu, der Fahrer hupte, und der Bus rollte davon, während ein paar blaß aussehende Fahrgäste neugierig auf uns drei herunterstarrten, wie wir da sozusagen mitten im Nirgendwo standen.

Bobby. Robert James Harkecz, Gefreiter. Neunzehn Jahre alt. Sechs Jahre älter als ich, zehn älter als Tammy. Der wilde Bobby, unser Bruder; von mir als Heldengestalt verehrt seit dem Tag, als ich ihm auf dem Küchenboden das erstemal vergeblich nachgekrochen war. Bobby, zum erstenmal auf Heimaturlaub, kein Halbwüchsiger mehr. Er streckte die Arme weit aus, atmete tief ein und schnupperte übertrieben.

»Hui! Kuhscheiße! Da ist man erst wirklich daheim!«

Unser Haus stand über eine Meile von der großen Eiche entfernt, ganz für sich am Ortsrand, ›auf dem direkten Weg von nirgends nach nirgends‹, wie Papa zu sagen pflegte, und wo er seit fünfundzwanzig Jahren sein Brot als Leiter der örtlichen Schule verdiente. Seine Schüler kamen zumeist von den Bauernhöfen im Tal. Die meisten Kinder wurden ihrerseits wieder Bauern und Bäuerinnen und schickten dann ihre eigenen Kinder in die Schule.

Dieser Ablauf hatte etwas Kontinuierliches an sich, dem steten Wechsel der Jahreszeiten nicht unähnlich. Weit draußen, hinter dem Tal, lag die andere Welt, deren Bilder wir auf unseren So-Vi-Schirmen flackern sahen. Von Zeit zu Zeit wagten wir uns sogar in sie hinaus, nur um dankbar und mit dem Schwur zurückzukehren, daß es nirgends so schön war wie zu Hause. Alle, nur Bobby nicht.

Bobby setzte sich über jede Konvention hinweg; er tat, was ihm gefiel. Mit vierzehn Jahren hängte er sein Herz an den Besitz eines Motorrads, aber Papa sagte, nicht vor sechzehn, und erst müßte er seine Matura gemacht haben. Bobby ging hin und baute sich aus Einzelteilen, die er von überall zusammentrug, selbst eine Maschine. Er montierte sie in Mr. Hammars Werkstatt zusammen, während er sich ein Taschengeld als Helfer von Mr. Hammar verdiente, der unser Hufschmied und Automechaniker war. Als das Motorrad fertig war, fuhr Bobby damit im Triumph durch den Ort und rund um den Spielplatz der Schule. Papa kam heraus, um festzustellen, was der Lärm zu bedeuten hatte, und bekam beinahe einen Herzanfall. Ich glaube, er dachte, Bobby hätte die Maschine irgendwo gestohlen.

Als er die Wahrheit erfuhr, reagierte Papa auf diesen Akt der Auflehnung mit der Entscheidung, Bobby sei der geborene Ingenieur, der die Universität besuchen und ein Ingenieurdiplom erwerben würde. Vielleicht hatte er recht, und Bobby war wirklich der geborene Techniker, aber Papa neigte stets dazu, alles durch seine Schulmeister-Brille zu sehen, und er und Bobby waren sich in diesem Fall nicht einig. Bobby machte auch seine Matura, weil er geistig so beweglich war wie ein Silberfischchen und ein Gedächtnis hatte wie ein Magnet, aber mitten in seinem Einführungslehrgang für das Studium hörte er auf.

Inzwischen hatte er ein richtiges Motorrad (Papa hatte sein Versprechen gehalten und es ihm als Belohnung für das Bestehen der Abschlußprüfung gekauft), und er pflegte abends allein davonzubrausen und manchmal erst zurückzukommen, wenn die Hähne krähten.

Es gab ein Mädchen namens Mary Helso, das ihn schon während der Schulzeit gern gesehen hatte, und er schien es sich zur Gewohnheit gemacht zu haben, sie mit seinem Motorrad abzuholen und mit ihr zu den Flachland-Städten zu fahren. Wir erfuhren erst davon, als eines späten Abends Mr. Helso auftauchte und sich mit Papa und Mama ins Wohnzimmer zurückzog. Er redete aber sehr laut, und was ich ihn über Bobby sagen hörte, klang durchaus nicht immer höflich. Papa setzte sich für Bobby ein und teilte so gut aus, wie er einsteckte, bis Mr. Helso sich schließlich beruhigte und erklärte, er sei nur der Meinung gewesen, Mama und Papa sollten erfahren, was ihr Sohn treibe, und das eine, was er ihnen bescheinigen könne, sei, daß Bobby es nicht mehr mit *seiner* Tochter treiben werde, nicht, wenn er, Bill Helso, da noch etwas zu sagen hätte! Dann tranken sie alle ein Glas, und Papa sagte, er würde möglichst bald mit Bobby reden.

Als Mr. Helso fort war, kletterte ich aus meinem Fenster und lief die Straße hinunter zur Eiche, um, wenn es ging, Bobby auf dem Heimweg abzufangen. Zum Glück kam er in dieser Nacht früher heim, und es dauerte nicht allzu lange, bis ich in der Ferne sein Motorrad hörte. Als ich den Scheinwerfer kommen sah, stellte ich mich mitten auf die Straße, schwenkte die Arme und hüpfte auf und ab. Er brachte die Maschine knapp vor mir zum Stehen und sagte: »Was, zum Teufel, fällt dir ein, Roger?«

Ich erzählte ihm, was ich belauscht hatte.

Er hörte mir stumm zu. Als ich fertig war, sagte er nur: »Die blöde Kuh.«

»Wer? Bill Helso?« fragte ich.

Bobby schnaubte nur und sagte, ich sollte hinter ihm aufsteigen und mich festhalten.

Er setzte mich an den Nebengebäuden ab, damit ich über das Dach des Anbaus in mein Zimmer klettern konnte, dann stellte er sein Motorrad weg. Ich sah unten Licht angehen und vermutete, daß Papa wachgeblieben war.

Ich weiß nicht, was Papa zu ihm gesagt hat. Ich fragte Bobby bei der ersten Gelegenheit danach, aber er zwinkerte mir nur zu und meinte, das würde er mir erzählen, wenn meine Eier im Sack wären. Ich glaube nicht, daß er mich verletzen wollte – das war einfach seine Art –, aber es hätte nicht schmerzhafter sein können, wenn er mir ins Gesicht geschlagen hätte.

Was Papa auch gesagt haben mochte, es schien zu wirken. Im nächsten halben Jahr strengte Bobby sich bei seinem Studium mehr an als je zuvor. Es war beinahe so, als wolle er sich selbst etwas beweisen. Von Zeit zu Zeit kamen Briefe für ihn, geschrieben mit einer runden Schulmädchenhand, aber ich glaube nicht, daß er sie je beantwortet hat. Manche Briefe machte er wohl nicht einmal auf. Ich hatte Mary Helso nie gut gekannt – sie war viel älter als ich –, aber leid tat sie mir trotzdem ein bißchen. Ich bezweifle, ob Bobby überhaupt je an sie gedacht hat.

Im Frühling ging er an die Universität, um seine Aufnahmeprüfung zu machen. Er war fünf Tage fort. Als er wiederkam, befaßte Papa sich ausführlich mit seinen schriftlichen Arbeiten, abwechselnd stöhnend und Beifall klatschend. Bobby grinste nur sonderbar schief, wie oft, wenn er mit Papa sprach, so, als lache er innerlich über einen Witz, den er keinem anvertrauen wollte.

Bobby war nicht zu Hause, als mit der Post das Ergebnis kam. Der Brief war an ›Robert J. Harkecz‹ adressiert, und auf der linken oberen Ecke des Umschlags prangte das Wappen der Universität. Der Brief lag auf dem Tisch in der Diele wie eine Zeitbombe, während wir auf Zehenspitzen um ihn herumschlichen und keiner wagte, ihn aufzumachen. Ich wurde fortgeschickt, um Bobby zu suchen, aber ich vermutete, daß er irgendwo unterwegs war, um die verlorene Zeit bei einer neuen Mary Helso aufzuholen, gab mir also keine große Mühe.

Er kam rechtzeitig zum Abendessen zurück und schien überrascht zu sein, weil niemand den Brief geöffnet hatte.

»Was spielt es für eine Rolle, wer ihn aufmacht?« sagte er. »Das Ergebnis bleibt das gleiche.« Damit warf er den Brief Tammy zu, die so außer sich geriet, daß sie ihn sofort fallen ließ.

Als wir ihn endlich geöffnet hatten und erfuhren, daß er mit einem guten Ergebnis bestanden hatte, begannen wir alle wild zu klatschen. Papa sperrte die Kredenz auf und goß zwei Sliwos für sich und Bobby und Wein für die anderen ein. Es war so sehr sein Augenblick des Triumphs wie der eines anderen, und er wollte gerade zu einer Art Rede ansetzen, als Bobby einen Finger hob und ihn daran hinderte.

»Bist du glücklich, Papa?« fragte er.

»Ich bin vor Freude außer mir, Bobby.«

»Ist es das, was du wolltest?«

»Freilich, freilich.«

»Obwohl es kein erster Platz ist?«

»Das ist unwichtig. Das gleichen wir aus. Du wirst es an deinem Stipendium nicht spüren müssen, das verspreche ich.«

»Mach dir deshalb keine Sorgen, Papa. Das wird nicht nötig sein.«

Ich blickte von Bobby zu Papa und wieder zurück, während ich mich fragte, was das bedeuten sollte. Ich spürte eine Art Bedrükkung in mir und eine sonderbare, ängstliche Besorgnis um Papa, der noch verwirrt und verständnislos lächelte, während er sagte: »Ich verstehe dich nicht, Bobby.«

Bobby blickte auf sein Glas Sliwo hinunter, das er in der Hand hielt.

»Ich gehe nämlich nicht hin.«

Wir starrten ihn alle an, und Papa krächzte: »Was?«, so, als hätte er den Mund voll.

Bobby hob den Kopf und sah Mama, Tammy und mich der Reihe nach an, bevor er sich wieder Papa zuwandte.

»Dein Junge hat sich zur Armee gemeldet«, sagte er. »Prost!« Und er hob sein Glas und kippte den Schnaps, als sei er Milch.

Ich habe nie richtig begriffen, warum Papa das so aufnahm – ich meine, Bobby hatte ja schließlich nichts Böses getan, und jedes Land braucht nun einmal eine Armee. Unser eigener Präsident ist General, und sein Vorgänger war auch einer. Ingenieure werden in ihrem Land nie Präsidenten. Außerdem erzählen sie uns im So-Vi immer, wie großartig es beim Militär ist und daß alle Mädchen verrückt werden, wenn sie eine Uniform sehen. Papa ist wohl einfach altmodisch; er hatte so darauf gehofft, daß Bobby Professor oder dergleichen werden würde. Aber man kann nicht bestreiten, daß ihn das tief traf. Nicht, daß er dagegen etwas hätte tun können (Bobby war inzwischen schon über achtzehn), aber er zeigte lange einen kalten, betäubten Ausdruck, selbst dann noch, als Bobby schon fort war.

Wir bekamen ein paar Briefe von ihm (na ja, meistens Postkarten), aber viel teilte er uns nicht mit. Seine Grundausbildung erhielt er Hunderte von Meilen entfernt im Süden. Wir rechneten damit, daß er zu Weihnachten heimkommen würde, aber im Oktober schrieb er, er hätte eine Versetzung in das Sonder-Spezial-Corps angeboten bekommen und müsse noch drei Monate Sonderausbildung über sich ergehen lassen, bevor er einer Einheit zugeteilt werden könne. Das S.S.C. sieht man immer auf dem Bildschirm, wenn die Männer aus den schwarzen Hubschraubern springen und mit ihren Laserwaffen von der Hüfte aus schießen, während sie in den Kampf stürmen. Es heißt, die S.S.C.-Leute werden nach ihrer überragenden Intelligenz ausgesucht. Außerdem sollen sie völlig furchtlos und eisenhart sein. Wenn in der Hauptstadt die jährliche Parade stattfindet, stellt das S.S.C. immer die Ehrengarde für den Präsidenten. Sie sind wirklich die besten, das sagen alle, und mich erregte es natürlich mächtig, daß Bobby dort aufgenommen worden war. Ich verlor auch keine Zeit, bei den anderen in der Schule damit aufzuschneiden.

Dann rief mich Papa eines Tages in sein Büro und erklärte mir, er wünsche nicht, daß ich ein solches Getöse um Bobby mache, und ein Abglanz vom Ruhm sei nicht lohnend, weil man selbst nichts dazu getan hätte. Mir kam es so vor, als schäme er sich gewissermaßen für Bobby, und das sagte ich ihm auch ins Gesicht.

Er schüttelte den Kopf.

»Das ist nicht wahr, Roger«, sagte er. »Wenn ich mich für jemand schäme, dann für mich selbst. Es tut mir leid. Ich hätte nicht so zu dir reden sollen. Versuch das einfach zu vergessen.« Er lächelte mich an, klopfte mir auf die Schulter und ließ mich gehen. Und das war eigentlich alles, aber danach riß ich den Mund nicht mehr so weit auf, was Bobby anging. Ich weiß selbst nicht recht, warum.

Im August schickte Bobby ein Telegramm mit der Mitteilung, daß er zu einer Woche Heimaturlaub zurückkäme und am nächsten Tag hiersein würde. Typischerweise war das die erste Nachricht darüber für uns. Tammy und ich putzten den ganzen Vormittag sein Motorrad, dann gingen wir zur Eiche, um ihn abzuholen, und da fing meine Geschichte an.

Als wir drei auf der Straße zurückgingen, wo ich ihn einmal mitten in der Nacht abgefangen hatte, fragte ich ihn, ob er sich daran noch erinnern könne. Er lachte und sagte, er hätte es nicht vergessen, dann wechselte er das Thema und begann Tammy nach der Schule zu befragen und wie es im Ort stehe, seit er fortgegangen sei. Ich wollte ihn unbedingt alles mögliche über das S.S.C. fragen, aber sofort, wenn ich eine direkte Frage stellte, wich er aus oder zuckte nur die Achseln und meinte, ihm sei das alles zu langweilig, um sich damit zu befassen, was mir doch eigentlich eine alberne Antwort zu sein schien. Schließlich kam mir der Gedanke, daß er vielleicht vor Tammy nicht darüber reden wollte, und ich ließ das Thema fallen, bis ich ihn allein erwischen konnte.

Beim Abendessen stellte sich der Grund für Bobbys Urlaub heraus: Er sollte auf einen Offizierslehrgang geschickt werden. Als Papa das hörte, wurde er sofort munterer und sagte, da werde Bobby sich zu den Pionieren melden und auf Kosten des Staates sein Ingenieurdiplom machen können. Ich dachte, Bobby könnte diese Gelegenheit wieder dazu benützen, Papa zu enttäuschen, aber er sagte nur, spezialisieren könne er sich erst, wenn er den ersten Lehrgang bestanden hätte, der sechs Monate dauere. Trotzdem kam mir Papa glücklicher vor, als er seit dem Tag, an dem Bobby seinen Eintritt in die Armee mitgeteilt hatte, gewesen war. Und später, als Bobby mit seinem Motorrad fortgefahren war, um alte Freunde zu besuchen, hörte ich Papa zu Mama sagen, es hätte den Anschein, daß sich alles viel besser entwickle, als er zu hoffen gewagt habe.

Erst am dritten vollen Tag seines Urlaubs hatte ich Bobby für mich allein. Ein Bekannter hatte ihm zwei Tages-Angelscheine am Varna-See gegeben, und er lud mich ein, mitzufahren. Ich ließ mir das nicht zweimal sagen. Tammy machte ein langes Gesicht und fragte, warum wir uns nicht Papas Wagen borgen und alle hinfahren könnten, aber Bobby sagte, er hätte nur die beiden Erlaubnisscheine bekommen, und es dürfte keiner rein, der keinen vorweisen konnte. Er versprach ihr, daß wir alle miteinander einen Ausflug machen würden, bevor er fortmußte.

Varna liegt oben in den Bergen, ungefähr fünfzehn Meilen im Norden unseres Dorfes. Jahre vor der Revolution war dort ein Staudamm gebaut worden, und im Speichersee hatte man Fische eingesetzt. Alle Leute hatten geglaubt, das würde ein Volks-Erholungszentrum werden, aber dann griff doch der Staat zu und reservierte das Gebiet für hohe Parteimitglieder und ihre Freunde. Bobby verriet nie, wie er an die beiden Tagesscheine gekommen war.

Wir machten uns gleich nach dem Frühstück mit seinem Motorrad auf den Weg und waren nach einer guten halben Stunde dort, kamen also flott voran, wenn man bedenkt, wie sich die Straße dahinschlängelt. Wir fuhren an einer großen Tafel vorbei hinein, auf der in großen Lettern stand: ›Staatseigentum. Zutritt verboten.‹ Wir hielten vor dem Wächterhäuschen. Ein Aufseher kam heraus. Bobby gab ihm die Tagesscheine und zeigte seinen S.S.C.-Ausweis. Der Aufseher sah mich an, grinste und erklärte uns, wir könnten um den See herum zum Landesteg fahren und eines der Ruderboote benützen, die dort lagen.

»Alle Fische unter einem halben Kilo kommen wieder rein«, sagte er. »Viel Glück.«

Die Sonne hatte noch keine Gelegenheit gehabt, den Nebel über dem See ganz zu vertreiben. Es wehte kein Lüftchen, und das hellgrüne Wasser war spiegelglatt. Als Bobby den Motor abstellte und das Dröhnen in meinen Ohren aufhörte, beschlich mich die Stille wie ein Zauber, und ich hätte ihm wohl geglaubt, wenn er behauptet hätte, wir wären die beiden einzigen Menschen, die noch auf der Welt lebten. Dann hörte ich ein Klatschen, als ein Fisch sprang, und ich kam wieder zu mir. Wir beschäftigten uns mit der Ausrüstung, legten die Angelruten in eines der Boote, und Bobby griff nach den Riemen und ruderte uns gemächlich mitten auf den See hinaus, wo wir zu angeln begannen.

Papa sagte immer, man wüßte erst, wenn alles vorbei ist, daß man wirklich glücklich war – während der Zeit selbst ist man so gefangen von dem, was man macht, daß einem keine Gelegenheit bleibt, zu erkennen, wie glücklich man ist. Ich verstehe schon, was er meinte, aber trotzdem würde ich beschwören, ich wußte, daß ich so glücklich war, wie ich es jemals sein kann, als ich an jenem goldenen Vormittag im August auf dem Varna-See mit Bobby fischte. In diesem Augenblick wäre ich wohl, hätte ich die Welt anhalten können wie eine Uhr, sofort dazu bereit gewesen.

Wir fingen gemeinsam sieben Fische – zwei davon mehr als ein Kilogramm schwer –, dann begann die Sonne zu beben wie ein Messinggong, die Forellen verloren jedes Interesse an dem, was wir ihnen zu bieten hatten, und suchten die dunklen Tiefen auf. Wir ruderten eine Weile hin und her, fuhren dann zum Steg zurück und aßen die belegten Brote, die Mama uns mitgegeben hatte. Dann zogen wir unsere Hemden aus und legten uns auf die warmen Bretter des Bootsstegs. Selbst heute noch brauche ich

9. 8. 1981

nur von weitem altes Kreosot zu riechen, um mich sofort wieder dorthin zurückversetzt zu fühlen. Plötzlich bemerkte ich eine rosarote Narbe, die schräg über Bobbys linkes Schulterblatt verlief.

»He, wo hast du denn das her?« sagte ich.

»Wo habe ich was her?«

»Die Narbe da an deinem Rücken.«

»Ach die. Von A.E.«

»Was ist ›A.E.‹, Bobby?«

»Aktiver Einsatz.«

Ich setzte mich auf und starrte ihn an.

»Wirklich? Was für ein aktiver Einsatz?«

Bobby öffnete ein Auge, sah mich an und machte es wieder zu.

»Komm doch«, bat ich. »Mir kannst du es erzählen, Bobby. Ich verspreche, daß ich kein Wort weitersage.«

Er lachte schnaubend auf.

»Ich schwöre es«, sagte ich verzweifelt. »Ich schwöre es bei allem, was du willst.«

Sein Auge öffnete sich wieder und betrachtete mich prüfend.

»Was spielt das für eine Rolle?« meinte er. »Ich habe die Narbe, nicht du.«

»Aber ich will es *wissen*«, sagte ich flehend. »Warum willst du es mir nicht sagen? Ich bin doch nicht Tammy. Ich bin dein Bruder. Du weißt, daß ich nichts sage, wenn du es nicht willst. *Bitte*, Bobby!«

Es blieb lange Zeit still.

»*Bitte*«, flehte ich.

»Also gut«, sagte er schließlich. »Unter einer Bedingung.«

»Ja?«

»Du beißt dir die Zunge ab, bevor du es jemand erzählst.«

»Hand aufs Herz«, versprach ich.

»Also, was willst du wissen?«

»Wie das passiert ist«, sagte ich und zeigte auf seine Schulter.

»Hab' ich doch gesagt. Bei A.E.«

»Aber was für ein A.E.?«

»Bei einer Aussonderung.«

»Einer was?«

»Bei einem A.T.-Einsatz in der Großstadt.«

Meine Augen wurden groß.

»Was heißt das, Bobby?«

»Es heißt, daß Slummer getötet werden«, sagte er.

»Wer wird getötet?«

»Slummer. Terroristen.«

»Das hast du *getan*?«

»Das habe ich getan.«

»Ich hab' noch nie davon gehört.«

Bobby schwieg.

»Es kam nicht in den Nachrichten oder in den Zeitungen, oder?«

»Ach, Mensch, Rog. Du lebst immer noch im Märchenland. Warum wirst du nicht erwachsen?«

»Was meinst du damit?«

Er stemmte sich auf einen Ellenbogen, griff in die Tasche seines Uniformrocks und zog eine Schachtel von den dünnen, schwarzen Zigaretten heraus, die er jetzt rauchte. Er zündete sich eine an und ließ das abgebrannte Streichholz durch eine Fuge zwischen den Brettern ins Wasser fallen. Dann holte er eine spiegelnde Sonnenbrille heraus und setzte sie auf. Sie veränderte ihn wirklich – er sah irgendwie *schmaler* aus. Schlagartig wirkte er Jahre älter. Ich wußte nicht einmal, ob er mich ansah oder nicht.

»Was ist passiert, Bobby?« sagte ich. »Haben sie dich angegriffen?«

»Richtig.«

»Erzähl doch weiter. Von Anfang an.«

Er drehte sich auf den Rücken, so daß ich die Narbe nicht mehr sehen konnte, und ließ den Rauch aus den Mundwinkeln herauskräuseln.

»Von November bis Februar saßen wir in einem Ausbildungslager in Porto fest«, sagte er. »Wir erfuhren, was mit A.T. eigentlich gemeint ist. ›Sonderausbildung‹ nannte man das. Es waren die härtesten drei Monate meines Lebens. Meine Abteilung unterstand Sarko – Sergeant-Ausbilder Sarkonovic –, Schweinehund Sarkonovic. Der Saukerl kennt alle Gemeinheiten, die es gibt, und was er nicht kennt, erfindet er. Eines Tages hat er uns vorgeführt, was zu ›Verhörtechniken‹ gehört ...« Bobby verstummte, sog nachdenklich an seiner Zigarette und sagte dann: »Jedenfalls waren nach den drei Monaten von unserer Abteilung nur noch zwei Drittel da. Einer der Neuen war tot, zwei lagen im Krankenhaus und fünf waren ausgestiegen, weil sie es nicht mehr aushalten konnten. Wir anderen wurden als tauglich für den aktiven Einsatz befunden und verschiedenen Einheiten zugeteilt.

Ich war kaum eine Woche bei der meinen, als ausgerechnet Sarko auftauchte. Es gab Gerüchte, daß er vorübergehend von seinem Ausbilderposten entfernt worden war, wegen der Sache mit dem Jungen, der bei Übungen umgekommen war, aber ich glaube eher, daß er sich freiwillig gemeldet hatte, um wieder aktiv zu sein. Über Methoden zu reden, wie man Slummer umbrachte, genügte ihm einfach nicht. Er brauchte die wirkliche Sache. Ein echter Berufssoldat.« Bobby drehte mir den Kopf zu, so daß ich plötzlich den blauen Himmel in seinen Brillengläsern wie doppelte Pfützen mit Silberrand widergespiegelt sah. »Ach, Mensch, Rog«, sagte er. »Der ganze Quatsch interessiert dich doch gar nicht.«

»Aber doch! Wirklich!« rief ich. »Erzähl weiter. Was passierte?«

Sein Kopf sank zurück.

»Was passierte?« wiederholte er. »Ajaka ist passiert.«

Ich erinnerte mich undeutlich, in den Nachrichten etwas gehört zu haben, konnte mich aber nicht mehr entsinnen, was es gewesen war. Damals interessierten mich diese Art von politischen Nachrichten nicht. Aber ich wußte natürlich, daß Ajaka die Provinzhauptstadt des alten Industriegebiets im Süden gewesen war, bevor man die Provinzen nach der Revolution alle abschaffte. Jetzt war sie nur eine der alten, verfallenden Flachland-Städte mehr, die ein Armutsproblem hatten – ein Name, den man sich für Geographieprüfungen merkte.

»Ist dort nicht jemand erschossen worden?« fragte ich. »Ein General oder so?«

»Oberst Parathos, der Chef der Geheimpolizei. Aber er ist

nicht erschossen, sondern in die Luft gesprengt worden.«

»Von Terroristen?«

»Richtig.«

»Und ihr mußtet hin und sie fassen?«

»Wir bekamen den Auftrag, Ordnung zu schaffen, nachdem die GP dortgewesen war und alles verpfuscht hatte.«

»Wie habt ihr das gemacht?«

Bobby nahm die halbgerauchte Zigarette aus dem Mund und schnippte sie ins Wasser.

»Wir haben sie ausradiert«, sagte er.

»Die Terroristen?«

»Wen sonst, Doofkopp!«

»Wie viele waren es?«

»Zweitausend.«

Ich lachte.

»Nein, im Ernst, wie viele?«

Wieder drehte sich sein Kopf mir zu, und die fremden Augen, die nur aus leerem Himmel bestanden, sahen mich an.

»Ich sagte doch«, gab er zurück. »Ungefähr zweitausend.«

»Zweitausend Terroristen?« Ich konnte es einfach nicht glauben. Ich glaube nicht, daß im ganzen Tal mehr als zweitausend Menschen wohnen. Das ergab einfach keinen Sinn.

»Es war ein Großeinsatz«, sagte er. »Er hat fünf Tage gedauert. Wir sperrten das ganze alte Marktviertel ab und räucherten sie Straße für Straße aus. Unser Auftrag lautete auf totale Ausmerzung. Keine Gefangenen. Man nennt das ›Stadtsterilisierungsmanöver‹.«

Nun wußte ich, daß er mich auf den Arm nahm, weil er das alles so sachlich dahinsagte – wie früher, wenn er mich verulkt hatte. Ich machte also mit wie immer, sobald ich begriffen hatte, worauf es hinausging.

»Sergeant Sarko wird wohl sehr glücklich gewesen sein«, meinte ich.

»O ja, Sarko war hochbegeistert«, sagte Bobby. »Vor allem im Preskar-Hochhaus. Das war eigentlich das Beste. Achtundvierzig Stockwerke. Sie setzten uns oben mit zwei Hubschraubern ab, und wir arbeiteten uns bis unten durch, Stockwerk für Stockwerk. Wir brauchten einen ganzen Tag dazu. Wir haben hundertfünfundsiebzig umgebracht. Achtunddreißig davon gingen auf Sarkos Konto.«

Ich kicherte.

»Er hat sie gezählt?«

»Er hat sie abgesäbelt.«

»Er hat was?«

Bobby fuhr mit der Handkante an seinem rechten Ohr herunter. »Weg«, sagte er.

»Und die Kühe von Alkanien haben alle sechs Beine«, gab ich zurück.

»Du glaubst mir nicht?«

»Dir *glauben*! Wofür hältst du mich? So etwas macht doch niemand! Das ist . . . das ist nicht . . .« Aber ich fand das Wort, das ich suchte, nicht.

»Es ist die Wahrheit«, sagte er. »Jeder beim S.S.C. hat das getan. Nur so kann man genau zählen. Die meisten Leichen werden in die Luft gesprengt oder verbrannt.«

»Aber du bist doch beim S.S.C.«

»Und?«

»*Du* hast das nie gemacht.«

»Nein?«

Ich starrte ihn an, dann zuckte meine Hand vor und riß ihm die Sonnenbrille herunter.

»Du *Lügner*!« rief ich lachend. »Bobby Harkecz, du bist wirklich der größte und unverschämteste Lügner auf der ganzen Welt!«

»Und du der größte Narr.«

»Na, wenigstens bin ich nicht so närrisch, daß ich deine Lügen glaube«, meinte ich. »›Absäbeln!‹ Warum habt ihr ihnen nicht gleich die Schwänze abgeschnitten?«

»Weil Frauen keine haben, mein Lieber. Aber Ohren haben sie alle.«

»*Frauen!*« rief ich, stürzte mich auf ihn und hieb mit den Fäusten auf seine nackte Brust. »Vergißt du da nicht die Säuglinge?

Die ihre Laserpistolen in den Windeln versteckt hatten? Was ist mit denen?«

Er packte meine Handgelenke und hielt sie wie mit Schraubzwingen fest (ich hatte vergessen, wie austrainiert und stark er war). Dann setzte er sich schnell auf und legte mich auf den Rükken neben seinem Platz.

»Willst du wissen, woher ich meine Narbe habe?« sagte er und beugte sich über mich. »Ich werde es dir sagen, Freundchen. Ein Mädchen ungefähr in deinem Alter hat das mit einer langen Spitzhacke gemacht. Sie versteckte sich neben einer Tür, als ich sie eintrat. Ohne meine Schutzkleidung hätte sie mir den Arm abgehackt. Sarko zerblies sie zehn Sekunden später. Du glaubst mir nicht?«

Ich wußte, daß er die Wahrheit sagte, und erklärte ihm das auch, aber nun wollte er mehr von mir. Er hielt mich mit einer Hand fest, griff in seinen Uniformrock und zog die Brieftasche mit seinem Ausweis heraus. Er ließ mein Handgelenk los und drückte mir die Brieftasche in die Hand.

»Mach den Reißverschluß auf«, sagte er.

Ich fragte mich, was nun kommen würde, tat, was er verlangte, und hielt ihm die Brieftasche hin.

Er schüttelte den Kopf.

»Zieh das raus.«

Ich schob die Finger hinein und zog einen kleinen, verschlossenen Umschlag aus milchig-undurchsichtigem Kunststoff heraus. Er war ungefähr 8 mal 5 Zentimeter groß.

»Mach das auf.«

Ich starrte den Umschlag an, bevor ich den Blick auf ihn richtete.

»Mach auf«, sagte er.

Das ist ein Scherz, dachte ich, während ich den Umschlag mit Daumen und Zeigefinger zusammenpreßte. Darauf hat er von Anfang an hingesteuert. Er hat das genau geplant, um festzustellen, für wie dumm er mich verkaufen kann. Das ist sicher ein unanständiges Foto oder dergleichen. Grinsend klappte ich den Umschlag auf und schüttelte den Inhalt auf meine hohle Hand.

Es hätte auch ein Stück honigfarbenes Chamoisleder sein können, wäre nicht im runden Läppchen das winzige Loch gewesen, in dem einmal ein Ohrring gesteckt hatte. Wo einmal Leben durch warme Geflechte schwellender Dunkelheit geströmt war, gab es nun nichts mehr als eine gezackte Leere um die rosigen Linien in meiner eigenen Handfläche. Ich starrte und glotzte, während in meiner Brust erstickend eine ungeheure Flut von Scham und Qual aufquoll. Es kam mir vor, als zeige Gottes Finger auf mich herab, und dieses armselige kleine Restchen eines nie gelebten Lebens klage mich stumm an, bei der grenzenlosen Brutalität und Gemeinheit einer dem Irrsinn verfallenen Welt mitgewirkt zu haben. Als mich die heißen Tränen blind machten und ich mein Gesicht in den Armen vergrub, konnte ich nur noch schluchzend hervorstoßen: *»Aber es ist von Tammy! Es ist von Tammy!«*

Weshalb Bobby eine so brutale Art und Weise gewählt hatte, die schützende Schmetterlingspuppe meiner Kindheit zu zerfetzen und mich in seine ›wirkliche‹ Welt hineinzuschleudern, erfuhr ich nie, aber mir kam mehr als einmal der Gedanke, daß das, was er damals tat, für ihn mindestens ebenso wichtig gewesen sein muß wie für mich. Vielleicht sah er das als eine Art symbolischen Durchtrennens der Nabelschnur, die uns beide verband – das Band zwischen uns, das ich brauchte. Oder er hatte einfach den Zwang verspürt, sich die Dinge von der Seele zu reden, die er gesehen und getan hatte. Oder aber er hatte es eben von Herzen satt, irgendeines Menschen Held zu sein, selbst meiner. Wenn ich ganz ehrlich sein soll, ich bin nicht einmal sicher, daß er selbst wußte, warum er es getan hatte. Bis heute haben wir kein Wort mehr darüber gesprochen.

Bobby ist jetzt Leutnant. In diesem Sommer mache ich mein Diplom als Landwirt. Tammy ist mit einem Bauern verlobt.

Dies alles ist vor langer Zeit und in einem anderen Land geschehen.

Illustration von Arno Langnickel

BRIAN M(ICHAEL) STABLEFORD ist der jüngste in diesem Band vertretene SF-Autor aus England. Er wurde 1948 in Yorkshire geboren, studierte mit höchsten Auszeichnungen Biologie und Soziologie und ist heute Dozent der Soziologie an der Universität von Reading.

1965 verkaufte er seine erste SF-Story. Danach folgte eine Vielzahl von Romanen, teils einfache SF-Abenteuer, aber auch schwierige, ambitionierte Romane wie ›Selbstmord im All‹ – sein bisher gelungenstes Werk.

Das heute schon viele Bände umfassende Oeuvre Stablefords macht es schwer, ihn noch einen Nachwuchsautor zu nennen. Er schreibt regelmäßig über SF-Neuerscheinungen im britischen SF-Magazin ›Foundation‹ und gilt als informiertester zeitgenössischer Kenner der Geschichte der SF.

Seine Romane, obwohl vom Autor in erster Linie als Unterhaltungslektüre gesehen, haben stets enge Bezüge zur gegenwärtigen Wissenschaft – der Biologie oder der Soziologie, wie auch die folgende Geschichte zeigt, der Stableford selbst einen deutschen Titel gab, als Zeichen dafür, daß sie für eine erste Publikation in Deutschland und für diesen Band geschrieben wurde.

Brian M. Stableford

Verstehen

Das erste Anzeichen dafür, daß etwas nicht in Ordnung war, kam, als die Funkverbindung ausfiel. Am Anfang konnte man noch hoffen, es sei ein schlichter Ausfall nur dieses einen Geräts, aber binnen Minuten erloschen die Anzeigen am Instrumentenbrett, und Connolly wußte, daß das ganze System von schwerer Fäule erfaßt war. Die Fäule stammte von einem langsam wachsenden hämophilen Bakterium, das in der Technologie der ersten Generation, wie sie auf dem Archipel noch weit verbreitet war, besonders gut gedieh. In späterer Zeit würde es kein Problem mehr darstellen, aber jetzt war es ein Fluch – vor allem für Flieger.

Das Flugzeug war zweifellos regelmäßig eingesprüht worden, um das Innere gesund zu erhalten; das eigentliche Problem bestand darin, daß massives Einsprühen immune Stämme erzeugte, die sich gegen alle Widerstände vermehrten. Fast ein Jahr lang war es immer schlimmer statt besser geworden, und Connolly wußte, daß sein Name sich der Statistik anschließen würde, die diesen Verfall bezeugte. Er war zweitausend Kilometer vom Stützpunkt Martinstown entfernt, und dazwischen gab es nicht einmal ein Atoll. Der nächste Flugplatz des Archipels lag nicht näher, und wenn er die Maschine wendete, würde er in den starken Wind hineinfliegen. Er konnte wenig mehr tun als beten, daß die Motoren halten würden.

Binnen zwanzig Minuten wußte er, daß seine Gebete nicht erhört worden waren. Er begann Treibstoff zu verlieren – die Treibstoffleitung war durchlöchert. Das hieß, daß zu allem anderen noch die Brandgefahr kam. Connolly begann zu bereuen, daß er die Erde zugunsten einer Kolonialwelt verlassen hatte, deren

Oberfläche zu neunzig Prozent von Meeren bedeckt und deren Ökosphäre geschlagen war mit Erregern, die am liebsten auf Stahldrähten und Stahlplatten lebten, während sie das Metall zerfraßen.

Er fragte sich auch, welche Aussichten bestanden, daß sein Rettungsfloß rechtzeitig von einem anderen Flugzeug gesichtet werden mochte. Die Erfahrung lehrte, daß die Wahrscheinlichkeit gering war – es gab einfach zuviel Meer. Aber dafür gab es noch eine andere Chance. In Breiten nicht zu weit südlich von seiner jetzigen Position sammelten sich zu dieser Jahreszeit riesige verfilzte Mengen von schwimmendem Kraut und gigantischen, schwimmenden Seerosenblättern – zeitweilig bestehende Inseln, die im ruhigen Sommer bis zum Aufkommen der Stürme eine reiche Epiflora entstehen ließen. Die im Meer lebenden Eingeborenen – von den Kolonisten Aquamänner genannt – benützten diese Riesenflöße als Brutstätten, und es hieß, wenn man wisse, welche Früchte man essen dürfe, und mit einer Angelschnur Fische fangen könne, vermöge man dort Monate zu überleben. Die Wissenschaftler in Erstland schickten gelegentlich Boote hinaus, um die Gemeinschaften der Aquamänner zu besuchen und einmal im Jahr die fremden Wesen zu studieren. Und es blieb die Chance, ein Flugzeug zu sichten und sich mit Hilfe der Leuchtpistole in seinem Rettungsboot bemerkbar zu machen.

Connolly bog nach Süden ab, solange er noch steuern konnte. Es bestand keine Garantie, daß er eine Floßinsel zu Gesicht bekam, bevor er hinunter mußte, aber das war der richtige Weg, seine Chancen zu verbessern – das hoffte er wenigstens.

Die Treibstoffzufuhr wurde ein immer größeres Problem, und es dauerte nicht lange, bis der Motor ausfiel. Das Flugzeug segelte in einer flachen Bahn hinab. Connolly glaubte sich schon verloren, als seine scharfen Augen voraus die schwimmende Insel entdeckten. Sein Lebensmut nutzte die Gelegenheit, sich zu erheben, und er weinte fast vor Freude, als der Treibstoff, der aus der Leitung rann, in Brand geriet und es Conolly schien, daß er gerade im Augenblick seines Triumphs gebraten werden sollte.

Er sprang ab, so rasch er konnte, und ließ die brennende Ma-

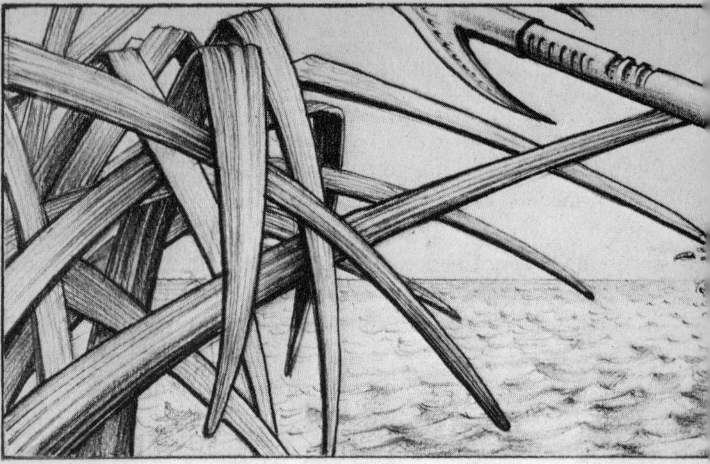

schine ihrer Zerstörung entgegengleiten. Der Fallschirm bremste den Flug des Schleudersitzes, aber er war schon sehr tief gewesen, und es gab ein schreckliches Aufklatschen, als das blaue Wasser ihm entgegenraste. Er war durcheinandergerüttelt, hatte aber keine Verletzungen davongetragen und blieb gefaßt, bis der Sitz an die Oberfläche schnellte und er Luft in sich hineinsaugen konnte. Es fiel ihm nicht schwer, das Schlauchboot flottzumachen, und während er zusah, wie es sich aufblies, sagte er sich, daß alles so gut stand, wie man es nur erwarten konnte.

Die schwimmende Insel war immer noch sichtbar, schien aber weitab zu sein. Es gab keine Strömung, und er mußte paddeln, um näher heranzukommen, aber die See war ruhig, und es schien ihn keine allzugroße Mühe zu kosten. Er war froh, als die losen Stränge des schwimmenden Krauts sich in seinem Paddel verfingen, und noch froher, als er an die Kanten der riesigen Blätter mit ihren hohen Rändern und riesengroßen gelben Blüten stieß. Er stakte weiter, unterwegs zur Mitte der Insel, wo hochragende verfilzte Dendriten vielfarbige Blütenköpfe und Samenkapseln hoch in die Luft hielten, nach der Sonne greifend. Er war sogar froh, als die Aquamänner rund um das Dingi plötzlich aus dem Wasser schossen, bis einer sich ins Boot zog, Connolly das Paddel

aus der Hand riß und ihn damit niederschlug.

Es blieb ihm gerade noch so viel Zeit, das frohe Gefühl zu verlieren, bevor er das Bewußtsein aufgab.

Connolly kam zu sich, auf dem Rücken liegend, auf einer ›Matratze‹, die aus geflochtenen Streifen getrockneten Seetangs zu bestehen schien. Als er den Kopf drehte, betäubte ihn der Schmerz. Er blinzelte heftig und blickte, als er wieder klar sehen konnte, in das Gesicht eines Aquamannes, blauschwarz und großäugig, mit langen Barthaaren, die von der stumpfen, runden Schnauze herabhingen. Das Gesicht schien einen Ausdruck tiefer Sorge und höchster Traurigkeit zu zeigen, aber Connolly wußte genug über die fremden Wesen, um einzusehen, daß das nur eine Äußerlichkeit war und nach menschlichen Bezügen nichts zu besagen hatte.

Der Aquamann erwiderte sekundenlang seinen Blick, aber dann lösten sich die leuchtenden Augen, als der lange, biegsame Hals den Kopf davonhob. Das Wesen veränderte seine Haltung; es hatte sich, gestützt auf die Knöchel seiner Schwimmhauthand, vorgebeugt, ließ sich aber nun auf die froschartigen Hinterbacken zurücksinken.

Hinter dem Gesicht des fremden Wesens tauchte ein anderes

auf, und Connolly stellte zu seiner Überraschung fest, daß es das Gesicht einer Menschenfrau war. Der Aquamann wandte sich ihr zu und sagte in seiner eigenen Sprache etwas zu ihr – eine Reihe wohltönender Silben, die sonderbar an gurgelnde Wasserrohre erinnerten. Sie antwortete ebenso und sprach die fremden Laute mühelos und sicher. Der Aquamann entfernte sich, streckte die Hände aus und zog sich zu einer halb aufrechten Haltung hoch, indem er Gurte ergriff, die vom Holzgerüst der zeltähnlichen Unterkunft herabhingen, wohin man Connolly gebracht hatte. Aquamänner konnten nicht richtig stehen, weil sie weniger für das Gehen als für Schwimmen und Kriechen geschaffen waren.

»Bin ich froh, Sie zu sehen«, sagte Connolly und fragte sich, warum sein Kopf so stark schmerzte, wenn er seine Lippen bewegte. »Einen Augenblick lang dachte ich schon, ich wäre in den größten Schwierigkeiten.«

»Das sind Sie auch, Mr. Connolly«, erwiderte sie leise.

Aus irgendeinem Grund drang von dieser Bemerkung zu ihm nur die seltsame Tatsache durch, daß sie seinen Namen kannte. Dann fiel ihm ein, daß sein Namensschild auf das Hemd gestickt war, über der Brusttasche.

»Da scheinen Sie mir gegenüber im Vorteil zu sein«, sagte er mit einem schwachen Anflug von Humor.

Sie kniete am Kopfteil des Lagers nieder. Sie war um die Fünfzig, hatte fast völlig weiße Haare und eine straffe, braungebrannte Haut. Sie war hochgewachsen und langgliedrig, aber sehr mager. Ihre Körperhaltung wirkte eigenartig, so, als versuche sie sich der halbgeduckten Erscheinung der Aquamänner anzupassen.

»Mein Name ist Maria Asprey«, sagte sie. »Ich bin Anthropologin.«

Connolly verengte die Augen. Durch die Schmerzen war er immer noch halb betäubt. Er sah, daß sie ein T-Shirt trug, das vorne blütenweiß war, während sich über die Schultern und unter den Armen blauschwarze Flecken erstreckten. Sollte der Rükken völlig blauschwarz sein, wie es den Anschein hatte, dann ahmte das Muster die Färbung der fremden Wesen nach. Ihre

kurze Hose war jedoch aus verwaschenem blauen Drillich. Sie schien die Sachen schon lange zu tragen.

»Hören Sie«, sagte er, »seit dem Hieb auf den Kopf bin ich ziemlich lädiert. Könnten Sie sich ans Funkgerät setzen und für mich eine Meldung durchgeben? Durch die Fäule fiel mein Radio aus, bevor ich einen Hilferuf absetzen konnte, und in Martinstown weiß man nicht, daß ich aussteigen mußte.«

Sie berührte seinen Kopf mit den Fingern, und er zuckte zusammen.

»Ich glaube nicht, daß Sie einen Schädelbruch haben«, sagte sie. Nach einer Pause fügte sie hinzu: »Es tut mir leid, Mr. Connolly, ich habe kein Funkgerät.«

»Was . . .?« Sein Denken lief immer noch wie in einem Nebel ab, und er war nicht einmal fähig, angemessen zu zeigen, wie verblüfft er war. »Ihr Boot –«

»Es tut mir leid«, sagte sie und zog ihre Finger zurück, gerade als die Berührung beruhigend statt schmerzhaft geworden war, »ich mache das nur noch schlimmer. Ich habe auch kein Boot. Ich fürchte, ich habe keine Möglichkeit, Martinstown oder irgendeine andere Stelle der Kolonie zu verständigen.«

Es blieb eine Weile still, während er seine Kraftreserven zusammennahm. Schließlich stieß er mühsam hervor: »Sind Sie auch schiffbrüchig?«

Sie schüttelte den Kopf.

»Ich bin freiwillig ausgesetzt worden«, gab sie zurück. »Wie gesagt, ich bin Anthropologin. Ich bin hergekommen, um die *Ulaquel dur'ya* zu studieren – Sie nennen sie ja wohl ›Aquamänner‹. Ich versuche ihre Lebens- und Denkweise kennenzulernen. Die Art von Geräten, die Sie meinen, wäre nur im Weg. Wie gesagt, ich bin Anthropologin.«

Im Augenblick ergab es keinen Sinn.

»Kein Funkgerät?« sagte er, um sich zu vergewissern, daß er richtig gehört hatte.

»Kein Funkgerät«, wiederholte sie.

»Sie sind verrückt«, sagte er.

Sie lächelte nicht. Ihr Gesicht wirkte starr und ausdruckslos.

»Nur so kann man eine neue Kultur kennenlernen«, sagte sie. »Eintauchen in das Leben. Um zu verstehen, wie andere leben – ob Menschen oder Humanoiden –, muß man fähig sein, zu leben wie sie, muß man ihre Art des In-der-Welt-Seins übernehmen. Man muß ein Einfühlungsvermögen erlangen, das einem erlaubt, sich, bildlich gesprochen, in die Schuhe des anderen zu versetzen, so daß man in eine echte Beziehung zu ihm treten, sich mit ihm verständigen kann ... daß man sich in den Zusammenhang *seiner* Weltsicht begibt, so daß die eigenen unmittelbaren Erkenntnisse mit den seinen übereinstimmen. Es ist nicht einfach – es war schon früher, auf der Erde, schwer genug. Hier ist es doppelt schwer, bei dem Versuch, in einer *völlig* fremden Kultur existieren zu wollen. Man kann sich das Risiko von – Ablenkungen nicht leisten. Ich habe versucht, so gut das ging, alles, was meiner eigenen Kultur zugehört, außer Betracht zu lassen.«

Connolly begann sich ein wenig besser zu fühlen, obwohl er sich immer noch nicht rühren durfte.

»Kein Funkgerät und kein Boot«, sagte er beinahe flüsternd. »Das nenne ich die Dinge zu einem absurden Extrem treiben.«

»Am Ende der Jahreszeit wird von Erstland ein Boot kommen, das mich abholt«, erwiderte sie. »Die *Ulaquel dur'ya* kehren dann ins Meer zurück.«

»Tja«, sagte Connolly nach kurzem Zögern, »wenn Sie es aushalten, werde ich es wohl auch können. Ich werde versuchen, Ihnen nicht im Weg zu sein. Ich möchte nicht als Ablenkung wirken.«

Sie antwortete nicht sofort, und er begann langsam zu begreifen, daß etwas nicht in Ordnung war. Verspätet erinnerte er sich an ihre ersten Worte. Er versuchte die Hand zu heben, um nach ihrem Arm zu greifen, aber sein Kopf begann wieder zu hämmern. Er sah plötzlich noch einmal das Paddel auf seinen Schädel niedersausen, geschwungen von dem wutentbrannten Wesen.

»Er wollte mich umbringen«, sagte Connolly mit schwacher Stimme. »Aber sie gelten doch als freundlich ... als fügsam.«

»Sie sind in der Regel nicht gewalttätig«, bestätigte sie. »Sie wissen nicht, was geschehen ist, wie?«

Offenbar las sie in seinen Augen, daß er nicht wußte, wovon sie sprach.

»Ihr Flugzeug ist auf die Insel gestürzt«, sagte sie in ruhigem Ton. »Es hat das Herz schwer beschädigt und siebzehn Personen getötet – zumeist Frauen und Kinder.«

Maria Appreys Gesicht wirkte noch immer beinahe ausdruckslos, aber er wußte, daß sie heftige Gefühle verbarg. Sie litt im Inneren schwere Qualen – wie wohl auch die Aquamänner.

»O mein Gott«, murmelte er. »Ich hatte keine Ahnung. Ich habe die Maschine nicht aufprallen sehen ... ich war so mit dem Schleudersitz beschäftigt, dann mußte ich das Schlauchboot aufblasen ... Ich dachte gar nicht an ...«

Er verstummte, sah prüfend in ihr Gesicht und versuchte zu begreifen, was er darin las.

»Es war ein Unfall«, sagte er. Er hatte das Gefühl, es sei notwendig, das klarzumachen. »Ich konnte nichts dafür. Das müssen sie begreifen.«

»Das ist das Problem«, erwiderte sie. »Sie können es nicht.«

Als Maria Asprey zurückkam, hatte Connolly sich soweit erholt, daß er sich aufsetzen konnte. Sie hatte ihm eine Schale gebracht, die aus einer Art Kürbispflanze hergestellt war. Sie enthielt lauwarme Suppe, die stark nach Fisch roch. Er rührte mit einem Löffel, der aus biegsamem Holz bestand, darin um, und faßte endlich den Mut, die Suppe zu probieren. Der Salzgehalt war so stark, daß er eine Grimasse schnitt.

»Essen Sie das oft?« fragte er.

»Nicht sehr oft«, antwortete sie. »Aber wenigstens ist es warm.«

»Fast«, sagte er dumpf. »Sie haben also Feuer?«

»Sie verwenden durchsichtige Muschelschalen von schwimmenden Mollusken als Brenngläser. Aber ihr Gebrauch des Feuers ist sehr beschränkt.«

Er löffelte ein, zwei Minuten lang Suppe und gewöhnte sich rasch an den Geschmack. Sie reichte ihm eine flache Tasse, die frisches, wenn auch ein wenig schmutziges Wasser enthielt, und er schluckte den Inhalt dankbar hinunter. Sie wartete und hockte genauso da wie die Aquamänner.

»Haben Sie ihnen das erklärt – mit dem Unfall?«

Sie schüttelte den Kopf.

»Warum denn nicht?«

»So einfach ist das nicht, Mr. Connolly. In ihrer Denkweise gibt es keine Vorstellung, in ihrem Sprachschatz keinen Ausdruck für ›Unfall‹ oder etwas Vergleichbares. Nach ihrer Denkweise ist *nichts* zufällig. Es gibt keinen Zufall. Alles, was geschieht, hat eine Ursache, nicht nur im physikalischen, sondern auch in einem moralischen Sinn. Unglücksfälle bringen die Menschen selbst über sich, wenn sie die Ahnengeister beleidigen – entweder das, oder sie sind die Folge von böser Zauberei. Beim Flugzeug brauchen sie ihre Zuflucht nicht einmal zu bösem Zauber zu nehmen. Sie haben es mitgebracht, und man macht Sie verantwortlich.«

Er versuchte sich ganz aufzusetzen, aber das fiel ihm schwerer, als er erwartet hatte. Schließlich sank er zurück, bis er sich nur noch auf einen Ellenbogen stützte.

»Glauben sie denn, ich *wollte* abstürzen?«

»Nein«, sagte die Anthropologin. »Aber sie bewerten Wünsche und Absichten viel geringer als wir. Bei den *Ulaquel dur'ya* hält man jeden auch für die unbeabsichtigten Folgen seines Handelns verantwortlich – selbst bei unvorhersehbaren Konsequenzen –, außer in Fällen, wo man davon ausgeht, daß die Handlungen einer Person für vorbestimmt gelten, entweder durch Zauberei oder durch die Ahnengeister. Es gibt hier keine Unterscheidung zwischen Mord und fahrlässiger Tötung, und einen Unfalltod gibt es überhaupt nicht.«

»Werden sie denn nie krank?« fragte Connolly mürrisch.

»Sie glauben, daß alle Krankheiten übernatürlich verursacht werden – entweder als Strafe oder als Verzauberung.«

»Sie werden wohl nicht versucht haben, ihnen zu erklären, daß sie verrückt sind?«

Sie sah ihn ruhig an und ging weder auf seine Feindseligkeit noch auf seine Ironie ein.

»Sie sind nicht verrückt«, erklärte sie. »Sie sehen die Welt einfach mit anderen Augen. Ich bin hier, um das zu lernen, nicht, um es zu ändern. Ich versuche zu verstehen, wie sie die Dinge sehen, versuche in ihre Lebensweise einzutauchen. Ich kann dem Leben des Stammes nicht meine eigenen Denkweisen aufzwingen. Ich muß meine eigenen Urteile und Vorstellungen beiseite tun. Nur so kann man zu echtem ›Verstehen‹ gelangen – die Sozialwissenschaftler benützen genau diesen Ausdruck dafür.«

Er gab ihr die leere Schale zurück.

»Sie haben ihnen also nicht erklärt, daß der Absturz ein Unfall war – etwas, das ich nicht verhindern konnte?«

»Nein«, gab Maria Asprey zurück. »Nein, das habe ich nicht getan. Wie ich schon sagte, ich hätte keinerlei Aussicht, ihnen das begreiflich zu machen.«

»Was geschieht also mit mir?«

»Ich habe beim *Culumesqua* für Sie ein flehendes Wort eingelegt.«

»Was, zum Teufel, ist ein *Cul...?*« Er versuchte die fremden Silben nachzubilden, aber es gelang ihm nicht.

»Er ist verantwortlich für das medizinische und moralische Wohlergehen des Stammes. Er befaßt sich mit Krankheiten, indem er Zauberei entdeckt, indem er, was zum Alltag gehört, Prophezeiungen ausspricht. Er hat nichts zu tun mit Verbrechen und Rechtsverletzungen, die Sache der Ältesten sind, aber bei allen Fragen, die das berühren, was Sie das Übernatürliche nennen würden, ist sein Wort Gesetz.«

»Was *ich* das Übernatürliche nennen würde?« wiederholte er.

»Sie denken nicht in denselben Kategorien«, erinnerte sie ihn.

»Mit anderen Worten«, sagte Connolly, »er ist der Zauberer.«

»Das ist ein ganz irreführender Ausdruck«, erwiderte sie, »selbst nach dem früheren Wortgebrauch und der Bedeutung. Er enthält ganz falsche Vorstellungen. Der *Culumesqua* trägt die Hauptverantwortung für das moralische Wohlergehen der Gemeinschaft. An ihn wendet man sich in Krisenzeiten. Seine Rolle besteht darin, die Ängste der anderen zu beruhigen, für sie dazusein, wenn sie sich hilflos vorkommen, ihnen Zuversicht nicht nur darin zu geben, daß der Stamm weiterbestehen wird, sondern auch darin, daß sie sich richtig verhalten.«

»Großartig«, sagte Connolly. »Und was wird er für mich tun?«

»Er hat sich bereit erklärt, nach *Uru* zu gehen, um ein Urteil über Ihre Schuld oder Unschuld zu erlangen.«

»Wohin?«

»Nach *Uru*. Das ist . . . nun, man könnte es einen mythischen Ort nennen, jenseits der Träume. Sein Geist kann mit Hilfe einer durch Drogen erzeugten Trance hingelangen. Dort vermag der *Culumesqua* eine direkte Verbindung mit den Ahnengeistern herzustellen, in symbolischen Träumen, die nur er und seinesgleichen zu deuten vermögen.«

Connolly traute seinen Ohren kaum.

»*Menschenskind!*« krächzte er. »Sie haben diesen gottverdammten Medizinmann aufgefordert, sich in eine Halluzination zu stürzen, damit er in Erfahrung bringen kann, ob ich schuldig bin oder nicht. Was, zum Teufel, passiert, wenn er sagt, ich sei schuldig? Was soll ihn daran hindern, sich zu entschließen, wie es ihm paßt?«

Maria Asprey verlagerte ihr Gewicht ein wenig, um überanstrengte Muskeln zu entlasten.

»Hören Sie, Connolly«, sagte sie, »es gibt keinen anderen Weg, sich mit diesem Problem zu befassen, als in *ihrem* Bezugsrahmen. *Sie* sind diejenigen, die zu entscheiden haben, sie müssen mit dem Verlust von siebzehn Personen fertigwerden, darunter fast ein Drittel der Neugeborenen dieser Brutzeit. Ich kann nichts anderes tun, als die Wege zu erkunden, die ihre Kultur zur Verfügung stellt.«

»Sie könnten dafür sorgen, daß sie die verdammte *Wahrheit* erkennen!«

»Sie haben ihre eigene Art und Weise, Wahrheit und Falschheit zu bestimmen.«

»Aber sie sind verrückt!«

Sie schüttelte den Kopf.

»Das ist eine Seinsweise«, erklärte sie. »Sie ist gültig, für sie selbst. Sie hat in ihrem eigenen Gefüge Zusammenhang. Sobald Böses sich zeigt, fühlen sie sich gezwungen, die moralische Verantwortlichkeit zu bestimmen, zur Last zu legen. Sie brauchen die neuerliche Versicherung, daß jemand verantwortlich *ist*, weil die Vorstellung, sie könnten hilflose Opfer eines unkontrollierbaren Schicksals sein, für sie unerträglich wäre – dafür leben sie in einem zu gefährdeten Dasein. Glaube an den Zufall ist ein Luxus, Mr. Connolly – wir können ihn uns nur deshalb leisten, weil wir so gut ausgerüstet sind, uns gegen seine Wechselfälle zu wappnen. Aber selbst wir haben Schwierigkeiten, mit Unglücksfällen zurechtzukommen, nicht?«

»Sie müssen mir helfen«, sagte er tonlos.

»Ich helfe Ihnen«, betonte sie. »Ich tue alles, was man tun kann. Das Unmögliche kann ich nicht erreichen.«

»Sie lassen zu, daß mein Leben an der Eingebung eines Süchtigen hängt, die er im Traum erlebt?«

»Nein, Mr. Connolly ... Ich erhebe Einspruch beim Obersten Gericht, ich unternehme alles, was ich kann, um Ihnen Ihr Leben zu erhalten. Wenn ich scheitere ... dann war nichts zu machen. Nichts.«

»Sie glauben selbst halb, daß ich schuldig bin«, beschuldigte er sie. »So weit sind Sie auf dem Weg zum Wahnsinn schon vorangekommen.«

»Ich versuche die Aquamänner zu verstehen«, sagte sie, wobei sie die menschliche Bezeichnung gebrauchte, ohne ihr irgendeine Betonung zu verleihen. »Ich versuche, die Fähigkeit zu erlangen, in ihre Lebensweise einzutreten, fähig zu sein, die Dinge so zu sehen, wie sie es tun. Ich werde nicht zu einer von ihnen. Ich kann die Dinge immer noch von Ihrem Standpunkt aus sehen, neben der anderen Einstellung. Der Absturz war ein Unfall, hervorgerufen durch die Fäule. Aber Martinstown liegt westlich vom Archipel, und Sie haben die Insel von Norden her angeflogen. Sie haben gewendet, nicht wahr, Mr. Connolly? Sie haben die Insel angesteuert.«

»Das macht mich nicht zum Mörder«, sagte er, die Worte einzeln hervorstoßend, als schmeckten sie schlecht.

»Das weiß ich«, sagte sie leise. »Aber wir befinden uns auf einer schwimmenden Insel einer fremden Welt. Das ändert ... alles.«

»Miss Asprey«, sagte er, als sei er schicksalhaft gezwungen, es in einem ewig aussichtslosen Versuch, ihr Verständnis zu erreichen, ständig zu wiederholen, »*es war nicht meine Schuld*. Falls mir etwas zustößt ... wie wollen Sie das mit *Ihrem* Gewissen vereinbaren?«

Ihre Stimme klang dünn und fern, und sie wandte das Gesicht ab, um durch die Öffnung der Unterkunft hinauszublicken, während sie antwortete.

»Gewissen hat nichts damit zu tun«, sagte sie. »Nicht das geringste.«

Es wurde Abend, und der Dämmerschein verlor sich langsam. In der Hütte, deren Wände grob geflochten waren, hatte es Licht genug gegeben, aber nun wurde es rasch dunkel. Der Mond war fast voll, aber er war klein und sein Licht im Vergleich mit dem gleißenden Weiß des Erdbegleiters schwach. Die Sterne leuchteten hell, aber gegen die zunehmende Düsternis in der Hütte der fremden Wesen schienen sie nicht aufzukommen.

Maria Asprey kam wieder zurück und brachte diesmal ein sonderbares Nachtlicht mit: eine Schale aus durchsichtigen, aneinandergeklebten Muscheln, gefüllt mit einer Lösung aus biolumineszenten Algen. Das Licht, das sie verbreitete, war kalt und sehr schwach, aber es füllte die Hütte mit Strahlen und Schatten.

»Bringen Sie mich zum Boot«, sagte Connolly und versuchte erneut, sich aufzusetzen, gegen alle Hoffnung erwartend, daß er stehen konnte.

»Wo könnten Sie hin?« fragte sie. Ihre Stimme klang noch immer unnatürlich ruhig. »Der Ozean ist ihre Welt. Sie könnten nicht entkommen.«

»Zur Notausrüstung gehört eine Leuchtpistole. Ich könnte mich verteidigen. Es ist ein Risiko, aber im Dunkeln könnte ich vielleicht entwischen.«

»Nein«, sagte sie und kauerte sich wieder am Boden nieder. »Sie würden den Boden des Schlauchboots von unten her aufschlitzen. Ihre Leuchtpistole wäre nutzlos. Dunkelheit ist keine Tarnung – sie sehen im Mondlicht sehr gut und bleiben nachts aktiv. Es geht nicht.«

»Dann bringen Sie mir die Pistole.«

»Warum?« fragte sie müde.

»Weil ich nicht daran denke, mich kampflos zu ergeben. Wenn sie mich umbringen wollen, dann müssen sie sich anstrengen.« Seine Stimme klang hoch und drängend, aber von Hysterie war keine Spur zu vernehmen. Er hatte seinen Zorn in der Gewalt.

»Sie haben schon siebzehn Tote auf Ihrem Konto«, erklärte sie tonlos.

Er fühlte sich so hilflos, daß er nicht einmal gegen diese Ungerechtigkeit zu protestieren vermochte.

»Wie, zum Teufel, wollen Sie das erklären, wenn die Jahreszeit zu Ende geht und Sie zu Ihren eigenen Leuten zurück müssen?« fragte er. »Wie machen Sie das?«

»Ich werde mein Bestes tun müssen«, gab sie zurück. »Wenn die Leute in Erstland glauben, daß ich falsch gehandelt habe – daß ich anders hätte handeln müssen –, nun, das müssen sie beurteilen.«

»Vielleicht schlagen Sie vor, daß sie sich mit Drogen vollpumpen und die Ahnen befragen, um festzustellen, ob Sie auf der richtigen Seite des Schicksals stehen. Nur sind leider alle Ahnengeister auf der Erde zurückgelassen worden, und die ist sechsundsechzig Lichtjahre von hier entfernt.«

»Für die *Ulaquel dur'ya* ist die Welt von *Uru* so wirklich wie diese hier«, sagte sie. »Selbst die Träume gewöhnlicher Männer und Frauen sind heilig und voller Bedeutung. Sie sind das Mittel, durch das sie die Wirklichkeit durchschauen können, hinein in das größere Reich blicken können, wo diese Welt hier nur ein Bruchteil ist, wo die Zukunft von Menschen und Welten bestimmt wird, und wo die moralische Ordnung des Universums im Gleichgewicht erhalten wird. Der *Culumesqua* kann dort entdecken, daß es einen Grund für den Tod dieser Leute hier gegeben hat. Er kann feststellen, daß das zu einem mißverstandenen Grundmuster gehört – daß Sie nur das Instrument gewesen sind, durch das andere Kräfte wirkten. Vielleicht lag die Verantwortung für die Todesfälle bei den Opfern selbst, als Folge von Bösem, das in ihnen lag. Vielleicht waren mächtige Zauberer am Werk, die versuchten, den Stamm zu vernichten, so daß der Stamm im Gegenzug starken Zauber erzeugen muß. Spotten Sie nicht, Mr. Connolly – von der Reise des *Culumesqua* hängt wahrhaftig Ihr Leben ab.«

»Im besten Fall von einer Zufallslaune«, gab er zurück, »und im schlimmsten von einer Entscheidung, die er schon gefällt hat. Es ist zu einfach für ihn, den Leuten zu sagen, was sie hören wollen – daß ich schuldig bin und sie ihre Wut an mir auslassen können, indem sie mich töten. Viel zu einfach.«

Sein Kopf loderte, und er fand keine Worte, um weiterzusprechen. Hilflos ließ er seine Augen zufallen und fragte sich, ob überhaupt eine Rolle spielte, was geschah. In Martinstown, in der Klinik, hätte er mit Gewißheit gesund werden können – aber hier draußen, mitten im Nirgendwo, ohne richtige Pflege und geeignete Nahrung, mochte er ohnehin erledigt sein . . . schon von den Umständen zu einem menschlichen Opfer gestempelt.

Er raffte sich aus seiner Erschlaffung nicht auf, bis er die Geräusche hörte, die verrieten, daß Maria Asprey nicht mehr allein bei ihm Wache hielt. Sie ging um das Lager herum und setzte sich näher an den Kopfteil, während drei von den fremden Wesen sich an den Wänden entlang hereinzwängten und freien Raum zwischen Lager und Eingang ließen. In diesen Raum trat ein vierter Aquamann, dessen Leib mit einem Kostüm geschmückt war, verziert mit Muscheln und Blumen. Er trug eine Art Stab aus Knochen mit vielen Schnitzereien.

Connolly öffnete den Mund, um zu sprechen – eine Art förmlichen Protest anzumelden –, aber Maria Asprey legte sofort ihre Finger auf seine Lippen. Der Druck ihrer Fingerspitzen war nur gering, aber der unausgesprochene Befehl brachte ihn zum Verstummen. Er blickte zu ihrem Gesicht auf, das vom trüben Licht schwach erhellt wurde. Sie versuchte zu lächeln, und zum erstenmal glaubte er sie wirklich auf seiner Seite. Sie schien nun mit ihm zu fühlen und zu hoffen, daß für ihn alles gut ausgehen werde. Sie kam ihm nicht mehr verrückt vor.

Man hörte ein Rascheln und eine Folge von Knacklauten, während der *Culumesqua* vor ihm niederkauerte und den Stab schwenkte, als sei er ein Bühnenzauberer, der einem unsichtbaren Publikum erklärte, er werde ohne Netz und doppelten Boden Connolly verschwinden lassen. Aber schließlich legte er den Stab hin und zog aus den Falten seines Gewands eine kleine Kapsel, die aus einer ledrigen Pflanzenblase hergestellt war. Sein Körper war starr, und seine behenden Finger strichen eine Art Salbe aus der Kapsel auf seinen Kopf und die Brust. Dann hob er die Augen zum Himmel, begann sachte hin und her zu schwanken und leise vor sich hin zu singen.

Obwohl die Worte des Liedes – wenn es wirklich Worte waren – keiner menschlichen Zunge entsprachen, empfand Connolly den langsamen Rhythmus und Tonfall als seltsam vertraut. Er kam sich vor, als sollte *er* sich der Hypnose überlassen, aber in Wirklichkeit schien sein Denken immer klarer zu werden. Als er eine unwillkürliche Bewegung machte, verstand Maria Asprey das falsch und versuchte ihn festzuhalten. Sie sank tiefer herab, und ihre beiden Hände begannen über sein Gesicht zu streichen und ihn mit Zärtlichkeiten zu beruhigen. Trotz der kühlen Nacht stand Schweiß auf seiner Stirn, und sie wischte ihn mit den Fingerspitzen ab.

Zunächst glaubte er, es werde rasch vorbei sein; die stummen Beobachter wirkten erwartungsvoll. Sie waren aber ebenso geduldig und verstanden zu warten. Die Zeit schleppte sich dahin, das Lied hörte nicht auf, obwohl der *Culumesqua* sichtlich nicht mehr bei Bewußtsein war. Aus den Minuten wurden Stunden, und Connolly entglitt von Zeit zu Zeit selbst in eine Trance, eingelullt mehr von Maria Aspreys Berührung als vom monotonen Gesang des fremden Wesens. Aber er kehrte immer wieder kurz vor dem Einschlafen ins Bewußtsein zurück, ließ Erinnerungen stockend durch sein Inneres strömen, vermischt mit seinen Hoffnungen und Ängsten.

Offenbar ist mein Fall ganz besonders vertrackt, dachte er. Vielleicht hatten sich die Ahnengeister noch nie mit einem solchen Problem zu befassen.

Als endlich Stille eintrat, überraschte ihn das sehr, obwohl er keine Bewegung machte, um sich nicht zu verraten. Das Schweigen dauerte zwei oder drei Minuten, bevor der Aquamann zu sprechen begann und die Silben in ungewohnt fließender Folge aus seinem Mund drangen. Die Stimme klang jetzt tiefer als beim Singen, und ferner dazu.

Er brauchte nach dem Urteil nicht zu fragen; es ergab sich deutlich genug aus der Art, wie Maria Aspreys Hände plötzlich seine Schultern umklammerten. Sie hatte für ihn gebetet, davon war er überzeugt, aber wohin ihre Gebete gerichtet worden waren, vermochte er nicht zu ahnen.

Er handelte blitzschnell, reflexartig, warf sich vorwärts und griff mit den Händen nach der fremdartigen Kehle des *Culumesqua*. Maria Asprey riß ihn zurück, und die anderen sprangen herbei und halfen ihr, obwohl er, während er zusammenbrach, schon wußte, daß er gar nichts hätte ausrichten können. Er war zu schwach, und sie waren alle zu stark.

Als Connolly tot war, mit ausgestreckten Armen und Beinen auf einem gigantischen Seerosenblatt liegend, während sein Blut sich in Form eines dornigen Buchsterns ausbreitete, blickte Maria Asprey auf den Fischspeer in ihren Händen, als sei sie erstaunt darüber, den Haken blutig zu finden. Es sah nicht aus wie Blut – im Halblicht der fremden Nacht gab es keine Farben.

Er hatte nicht um Gnade geschrien, sondern seinen Zorn hinausgebrüllt, bis sein Atem ausgegangen war. Seltsamerweise schien sich die ganze Wut gegen sie gerichtet zu haben, aber vielleicht war sie überempfindlich. Sie war diejenige, die versucht hatte, ihm zu helfen. Er hatte den Standpunkt vertreten, sie hätte ihn auf irgendeine Weise verraten, aber das war zu erwarten gewesen. Sie hatte getan, was sie tun konnte, und was sie tun mußte.

Es war so schade . . . schrecklich schade.

Wenn ihr mehr Zeit geblieben wäre, hätte sie ihm, davon war sie überzeugt, dabei helfen können, zu verstehen.

Illustrationen von Peter Rump

Bundesrepublik Deutschland

DR. HERBERT W. FRANKE, der Autor des folgenden, exklusiv für diesen Band geschriebenen Beitrags, wurde 1927 in Wien geboren. Nach dem Zweiten Weltkrieg studierte er an der Wiener Universität Physik, Chemie, Psychologie sowie Philosophie und promovierte zum Doktor der Philosophie. Anschließend arbeitete er an einem technischen Forschungsauftrag und war danach fünf Jahre lang in der Industrie beschäftigt. Seit 1957 lebt Dr. Franke als freier Schriftsteller in der Nähe von München.

Als 1960 Goldmanns Zukunftsromane gestartet wurden, übernahm Dr. Franke die Herausgeberschaft dieser Reihe. Seine vielfältigen Interessen führten ihn danach auch auf andere Betätigungsfelder: Beschäftigungen mit Computerkunst, Mitarbeit an einer deutschen SF-Fernsehserie, Veröffentlichung von Anthologien und Romanen im Suhrkamp-Verlag, Mitherausgeberschaft im Heyne-Verlag. 1979 kehrte Dr. Franke zum Goldmann Verlag als Herausgeber von SF international zurück.

Seine Romane und Geschichten werden denen der besten englischen und amerikanischen Autoren gleichgestellt, sie wurden in verschiedene europäische und außereuropäische Sprachen übersetzt und gelten bei Kennern dieser Literatur als die anspruchsvollsten Schöpfungen eines deutschen SF-Schriftstellers.

Herbert W. Franke

SF im Aufwind

Die deutschsprachige Literatur hat eine beachtliche Tradition im Bereich des Phantastischen. Für die Utopie dagegen läßt sich das nicht so ohne weiteres behaupten. Es bedarf schon eines Gewaltakts, um Johann Wolfgang von Goethe oder E. T. A. Hoffmann zu Vorläufern der Science Fiction zu deklarieren; dasselbe gilt für mehrere weitere Werke, die eher phantastisch als utopisch angelegt sind. Eine Ausnahme ist Kurd Laßwitz, der sich durch den zweibändigen Roman »Auf zwei Planeten« (1897 erschienen) Weltruhm verschaffte. Als literarisch anspruchsvolles Werk ist allenfalls noch der Asteroidenroman »Lesabendio« von Paul Scheerbart zu erwähnen (erschienen 1914), der aber eher religiöse und mystische Elemente aufweist als wissenschaftliche oder futurologische.

Der technische Zukunftsroman, dessen große Zeit nach dem 1. Weltkrieg begann, bedeutete gegenüber Laßwitz und Scheerbart, ebenso aber gegenüber den Pionieren utopischer Literatur Jules Verne und H. G. Wells, eher eine Einengung. Exponent war vor allem Hans Dominik, der mit seinem Roman »Die Macht der Drei« (erschienen 1922) erstaunlichen Erfolg hatte; in seinen Büchern werden technokratische Entwicklungen, nationales Deutschtum und fernöstliche Mystik in seltsamer Weise vermengt. Erwähnenswerte Autoren sind weiter Rudolf Heinrich Daumann, Erich Dolezal und Otto Willi Gail, doch keiner erreichte die Popularität von Dominik, und literarischen Rang kann man auch keinem von ihnen zubilligen.

Noch weniger gilt das für verschiedene utopische Heftchenreihen, allen voran die 150bändige Sun-Koh-Serie von P. A. Müller, der zunächst unter dem Namen Lok Myler publizierte. Es war die Saga eines omnipotenten Helden, des »Erben von Atlantis«, der mit übermenschlichen Kräften und phantastischen technischen Mitteln die Machtergreifung vorbereitet. Zwar drückt sich in diesen irrealistischen Action-Geschichten eine bedingungslose Heldenverehrung aus, doch daß sie den faschistischen Machthabern zur psychologischen Unterstützung ihrer Trends diente, ist gewiß ein Irrtum einiger Kritiker, die sich in den letzten Jahren mehr oder weniger wohlwollend der deutschen Science Fiction angenommen haben. 1939 wurden nahezu alle Heftchenserien als »Schmutz und Schund« verboten.

Was damals in Deutschland erschien, hatte mit der Science Fiction heutiger Prägung nicht viel zu tun. Wie in mehreren anderen Fällen – vom Jazz bis zu den Jeans – liegt der Ursprung dieser modisch-kulturellen Welle in den USA. Es war ein Europäer, der Science Fiction in Amerika einführte: Hugo Gernsback, ein Einwanderer aus Luxemburg. 1926 brachte er das Magazin »Amazing Stories« heraus, seiner Meinung nach eine neue Form der Unterhaltung – bezaubernde Abenteuergeschichten, vermischt mit wissenschaftlichen Fakten und prophetischen Visionen. Damals hieß es noch »Scientific Fiction«; die heute übliche Ausdrucksweise wandte Gernsback 1929 erstmalig an.

In der ersten Zeit unterschied sich das, was hier in Amerika als billige Unterhaltungsliteratur angeboten wurde, gar nicht so sehr vom deutschen Zukunftsroman, und so erhebt sich die Frage, wieso man das Auftreten von Science Fiction überhaupt als neuen Anfang auffassen kann. Zunächst einmal liegt das zweifellos an zwei Äußerlichkeiten: Als erstes ist die Herausgabe von Magazinen zu erwähnen – im Rahmen einer recht erstaunlichen Erscheinung, nämlich des Einbruchs der Kurzgeschichte in den Trivialbereich, wie er sich in den USA etwa auch im Krimisektor anbahnte. Zum zweiten ist es das attraktiv aufgemachte Taschenbuch, das in die Lücke zwischen Heftchen und Hardcover hineinstößt. Der dritte Unterschied zum Zukunftsroman ist nicht so leicht zu beschreiben. Er liegt in einer Umorientierung, die sich eher erahnen als nachweisen läßt. Am ehesten drückt sie sich noch in der Abkehr vom typischen technischen Zukunftsroman aus, in dem es oft genug um Erfinderschicksale geht. Nun ist es zum erstenmal der Mensch, der in ein utopisches Wirkungsgefüge einbezogen wird – nicht nur als Akteur, sondern auch als Objekt der Entwicklung. Und damit erweitert sich die Thematik vom Mechanisch- und Chemisch-Technischen in den weiten Raum technischen Handelns überhaupt – bis zur bio-, psycho- und sozio-technischen Manipulation. Und noch ein weiterer Unterschied zwischen den USA und Europa ist hervorzuheben: Bei uns gibt es eine scharf gezogene Grenze zwischen dem Literarischen und dem Trivialen, in Amerika lassen sich Elemente unterhaltender Lektüre wesentlich reibungsloser in das dichterisch Anspruchsvolle überführen. Das hatte zur Folge, daß auch anerkannte Autoren nicht davor zurückschreckten, sich des Mediums Science Fiction zur Darstellung zukunftsweisender Gedanken zu bedienen.

Nach dem 2. Weltkrieg war der europäische Boden bestens für die Aufnahme amerikanischer Science Fiction aufbereitet. Der Sieg der Alliierten wurde auf die technische Überlegenheit der USA zurückgeführt, Radar, Computer und Atomwaffen dokumentierten einen technischen Aufschwung, den man von hier aus nur neidvoll bewundern konnte, und so herrschte allgemein ein technokratischer Optimismus, ein Glaube an das manipulativ Machbare vor. Das wohlbegründete Informationsbedürfnis, das man damals der Neuen Welt entgegenbrachte, reichte bis in den Unterhaltungssektor hinein – hier bestand offenbar eine Marktlücke, die man nur zu füllen brauchte. Das war der Grund für das Interesse an den englischsprachigen Science Fiction-Büchern, die allerdings nur den Sprachkundigen zugute kamen. Noch schreckten die Verleger davor zurück, die Science Fiction-Thematik aufzugreifen und in guten deutschen Übersetzungen herauszubringen – zu sehr war sie dem Genre der primitiven Unterhaltung verhaftet. Als geringeres Wagnis erschien es, mit utopischen Heftchen alten Stils an die Öffentlichkeit zu treten, und hier vollzog sich, wenigstens äußerlich, der Schritt vom Zukunftsroman zur Science Fiction. Die jungen Intellektuellen, die die von der Besatzungsmacht herübergebrachten Taschenbücher verschlungen und gesammelt hatten, waren allerdings enttäuscht: Das, was hier aufgelegt wurde, erreichte höchstens Mittelmaß, und wenn einmal ein guter Autor dazwischen auftauchte, dann waren seine Schriften meist durch Kürzungen und schlechte Übersetzung verdorben.

1952 kam es zu einer verlegerischen Pioniertat: Der Philosoph Gotthart Günther brachte vier Spitzenbände echter amerikanischer Science Fiction heraus, darunter »Ich, der Robot« von Isaac Asimov und »Der unglaubliche Planet« von John W. Campbell jr. Dieser Versuch endete mit einem Fiasko – ein großer Teil der Bände mußte verramscht werden, die Reihe wurde eingestellt, doch sie ist nicht vergessen – in Sammlerkreisen nehmen die vier im Rauch-Verlag erschienenen Bände nach wie vor eine Sonderstellung ein.

Es dauerte bis 1960, ehe sich ein Verleger dazu entschloß, Science Fiction aus dem Trivialbereich heraufzuheben und auf dem deutschen Buchmarkt einzuführen.

Jahrelang zuvor hatte ich mich gemeinsam mit einigen Gleichgesinnten darum bemüht, einen Verlag für niveauvolle Science Fiction zu finden – vergeblich! Um so größer war meine Überraschung, als mich Herr Goldmann eines Tages fragte, ob ich als Herausgeber bei der Gründung seiner Buchreihe mitmachen wollte. Ich sagte begeistert zu – und wir bereiteten diesen riskanten Schritt in literarisches Neuland vor.

Ich tat das mit einem guten Gefühl, denn ich hatte mit Herrn Goldmann mehrere Gespräche über Zukunftsthemen und den damals noch geplanten Vorstoß des Menschen in den Weltraum gehabt. An dieser Thematik hatte Herr Goldmann größtes Interesse, was sich u. a. auch in seinem großformatigen »Mondatlas« zeigte. Dieses gemeinsame Interesse hatte auch zu unserem Kontakt geführt: Im Goldmann-Verlag war mein Buch »Nichts bleibt uns als das Staunen . . .« herausgekommen. Heute würde man es als Sachbuch aus dem Bereich der Futurologie bezeichnen, aber diesen Ausdruck gab es damals noch nicht, und auch das allgemeine Interesse an Zukunftsdiskussionen, das die Zukunftsforschung bestsellerträchtig werden ließ, kam erst später auf. So war ich mit diesem Buch zu früh drangewesen, was sich insbesondere durch den mäßigen Erfolg auswies.

Doch Wilhelm Goldmann hatte mein Manuskript nicht angenommen, weil er sich davon große Einnahmen versprach, sondern weil er, ebenso wie ich, der Faszination in die Zukunft gerichteter Denkspiele verfallen war. Als Verleger hatte er Gelegenheit, solche Interessen in einer besonderen Weise zu dokumentieren, beispielsweise durch die in seinem Verlag bevorzugte Stoffauswahl.

Der Herausgeber von Edgar Wallace und der Erfinder des Ausdrucks KRIMI hatte aber auch ein Gespür für verlegerische Chancen, und so hatte er die Entwicklung der Science Fiction in Amerika mit höchster Aufmerksamkeit verfolgt. Nun war ihm das Fiasko der seinerzeit erschienenen Rauch-Bände genausogut wie mir bekannt, und so erhob sich die Frage, ob die ersten im Orbit kreisenden Satelliten genügen würden, um den deutschen Leser für amerikanische Science Fiction zu gewinnen. Das war der Grund dafür, daß wir zunächst auf den Ausdruck »Science Fiction« verzichteten und die Reihe als »Goldmanns Zukunftsromane« starteten. Es handelte sich um kleinformatige, leinengebundene Bände, die sich auch für die Aufnahme in Bibliotheken eigneten. Herr Goldmann steuerte die Idee der blauen Farbe des Einbands bei, die zum Kennzeichen der Science Fiction aus dem Goldmann-Verlag werden sollte. Von mir stammt das Symbol des Saturn mit seinem Ring, das die Umschläge der ersten Bände zierte und erst vor kurzem wieder aufgegriffen wurde.

Um die Reihe möglichst schnell auf dem Markt bekannt zu machen, sollten acht Bände in kürzester Reihenfolge herauskommen. Der Zufall ergab es, daß sich dabei die Autoren in alphabetischer Reihenfolge einordneten: Isaac Asimov, Alfred Bester, James Blish, Arthur C. Clarke usf. . . . Die Rechte für sieben Bücher dieser Autoren waren erworben worden, und ein achter sollte dazukommen – doch es gab Schwierigkeiten bei den Verhandlungen. Dieser Zufall sollte für meine eigene Entwicklung als Science Fiction-Autor schicksalhaft werden. »Haben Sie nicht selbst auch utopische Geschichten geschrieben?« fragte mich Herr Goldmann. Das hatte ich in der Tat – die erste war am Ende meiner Studienzeit in einer höchst bemerkenswerten Wiener Zeitschrift erschienen – und das im Jahr 1953. Sie heißt »Neue Wege«, erscheint übrigens noch heute, und hat viele Autoren jener Zeit erstmalig veröffentlicht, denen dann der wichtigste Beitrag Österreichs zur deutschsprachigen Literatur zugeschrieben wurde: Winfried Bruckner, Vera Verra-Mikura, Ernst Jandl, Friederike Mayröcker, Andreas Okopenko und viele andere. Das Betätigungsfeld dieser Schriftsteller liegt (mit Ausnahme von Winfried Bruckner, der zwei ausgezeichnete, der Science Fiction nahestehende Romane geschrieben hat) auf ganz anderen Bereichen als jenes von mir – sie schreiben experimentelle Literatur und Lyrik. Um so bemerkenswerter, daß der damalige Redakteur Friedrich Polakovics – im übrigen Entdecker von H. C. Artmann und Suhrkamp-Übersetzer von Lovecraft – außer einigen Sachartikeln und Gedichten aus meiner Feder utopische Kurzgeschichten angenommen hatte.

Seit dieser ersten Publikation hatte sich bei mir ein ganzer Stoß Manuskripte angesammelt – eher Skizzen als Geschichten, und das hatte einen einfachen Grund: Ich hatte nicht damit gerechnet, sie überhaupt veröffentlichen zu können, es waren Fingerübungen, Aufzeichnungen von Ideen . . . Außerdem reichten sie nicht für ein Buch, es fehlte ungefähr ein Drittel. »Können Sie den Rest bis in einer Woche liefern?« fragte mich Herr Goldmann – und das zeigt, daß er doch einiges Vertrauen in meine schriftstellerische Ergiebigkeit hatte.

Ich erinnere mich noch gut: Damals wohnte ich in einem schloßartigen Gebäude, in dessen Garten ein ausgetrockneter Swimmingpool lag. Dort machte ich es mir mit einem Liegestuhl bequem, einerseits, weil ich da vor dem Wind geschützt war, andererseits aber auch vor störenden Besuchern – wenn jemand sich näherte, mit dem ich mich nicht abgeben wollte, brauchte ich mich nur tiefer in das Bassin zu ducken, um ungeschoren zu bleiben. Und das Wagnis gelang: Innerhalb der geforderten Frist entstand der Rest der Geschichten, insgesamt 64, die dann unter dem Titel »Der grüne Komet« als Band 4 in der Reihe »Goldmanns Zukunftsromane« erschienen.

Trotz der ungewöhnlichen Darstellungsweise zeigte sich die Kritik durchaus wohlwollend, und das war der Grund dafür, daß mich Herr Goldmann im Laufe der weiteren Jahre immer wieder aufforderte, der Anthologie nun auch Romane folgen zu lassen. So schrieb ich »Das Gedankennetz«, mit dem ich, auch international gesehen, einen festen Platz unter den deutschen Science Fiction-Autoren gewann, es folgte eine Reihe weiterer Romane »Der Orchideenkäfig«, »Die Glasfalle« u. a. (die übrigens demnächst alle wieder neu erscheinen).

So war Wilhelm Goldmann Wegbereiter der Science Fiction in Deutschland geworden – so war es für andere Verlage leichtgemacht, seinem Vorbild zu folgen. Zuerst war es der Heyne-Verlag, der mit einer Taschenbuchreihe den Übergang zu besserer Qualität zu vollziehen versuchte, aber Mühe hatte, sich vom Niveau eines ihm zugehörigen Heftchenverlags zu lösen. Kurze Zeit danach erschien auch die schon lange geplante Reihe der »Goldmanns Weltraumtaschenbücher«; zum Teil erschienen die schon als Hardcover herausgegebenen Romane und Geschichtensammlungen, mehr und mehr wurden aber auch neue Autoren herausgebracht, und wieder waren es die besten der Welt, u. a. Poul Anderson, Clifford Simak, John Wyndham. Inzwischen hatten sich auch andere Taschenbuchverlage für das Science Fiction-Genre entschlossen, und zwar der Ullstein-Verlag mit seiner Reihe »Ullstein 2000« und der Fischer-Taschenbuch-Verlag mit seiner Reihe »Fischer Orbit«.

Es bestätigte sich die alte Erfahrung, daß Science Fiction-Bände in gebundener Form schwer an den Mann zu bringen sind. Eine Ausnahme bildet allenfalls das Jugendbuch, auf dem Science Fiction-Sektor eine Domäne des Gebrüder-Weiss-Verlags.

Den letzten Versuch mit gebundenen Science Fiction-Büchern riskierte der Insel-Verlag mit seiner Reihe »Phantastische Wirklichkeit« – hervorragend ausgestattet, in violetter Schrift gedruckt und vom Wiener Science Fiction-Experten Franz Rottensteiner herausgegeben. 1976 war es aber auch mit dieser Reihe zu Ende; sie wurde von einer Spezialserie im Rahmen der Suhrkamp-Taschenbücher abgelöst, einer »Bibliothek des Phantastischen«. Zwei gute Paperback-Reihen, die sich leider auch nur kurze Zeit hielten, verdienen noch erwähnt zu werden: und zwar »science fiction & fantastica« des Marion-von-Schröder-Verlags und »science fiction für kenner« des Lichtenberg-Verlags.

Im Grunde genommen stützten sich alle Verlage auf jene Autoren, die dem deutschen Publikum mit der »Blauen Goldmann-Reihe« bekannt gemacht worden waren – Science Fiction-Schriftsteller aus England und Amerika, die dort längst ihre Erfolge gefeiert hatten. Aber damals schon suchte ich nach Möglichkeiten, die Palette zu erweitern, und sah mich in anderen Ländern nach guten Science Fiction-Stoffen um. Der erste Schritt in diese Richtung wurde leider zu einem Mißerfolg – in diesem Fall kann sich sogar die Redaktion eines Science Fiction-Fan-Magazins zugutehalten, einen vielversprechenden Weg verhindert zu haben. Nach langem Suchen hatte ich einen französischen Science Fiction-Autor gefunden, dessen Schreibweise noch am ehesten den Erwartungen des deutschen Publikums entsprechen konnte. Es war José van den Esch, der mit seinem Roman »Januar im Jahr 2000« das Gesellschaftsmodell einer künftigen Welt in eine zarte Liebesgeschichte eingekleidet hatte – auch heute noch einer meiner liebsten Bände. Leider blieb diese Publikation von der Kritik so gut wie unbeachtet – eine Tatsache, mit der wir uns auch heute noch abfinden müssen; lediglich in einem von jungen Science Fiction-Lesern herausgegebenen, hektografierten Magazin erschien ein Verriß, der damals nicht an mich, sondern an Herrn Goldmann persönlich gesandt wurde. Gegen die Aufnahme französischer, italienischer und anderer Autoren aus nicht englischsprachigen Ländern hatte Herr Goldmann sowieso Bedenken gehabt, und so wurde diese Rezension zum Grund dafür, daß ich einige Jahre warten mußte, ehe ich einen erneuten Versuch starten konnte – diesmal glücklicherweise mit Erfolg!

Genauso wie der Kriminalroman Jahrzehnte hindurch eine Domäne angloamerikanischer Autoren war, so galt das auch für Science Fiction, und es bedarf eines beachtlichen Durchhaltevermögens, um die deutsche Leserschaft davon zu überzeugen, daß es auch in anderen Ländern interessanten Lesestoff des bevorzugten Genres gibt. Zunächst würde man erwarten, daß die Autoren dem Vorbild ihrer etablierten Kollegen zu folgen versuchen und eine Art von Science Fiction zustande bringen, die nicht viel mehr ist als ein Abklatsch ihrer Vorbilder. Zu einem gewissen Teil trifft diese Erwartung zwar auch zu, nichtsdestoweniger aber kann man in den Werken besserer Autoren durchaus eine nationale Eigenart feststellen. In besonderem Maß gilt das natürlich für Science Fiction aus den sogenannten Ostländern – dort als »Wissenschaftliche Phantastik« bezeichnet. Die Gründe dafür liegen auf der Hand, über Entsprechungen und Unterschiede zwischen westlicher und östlicher Science Fiction ist inzwischen schon genug geschrieben worden. Eine der frühesten Erörterungen dieses Themas stammt von Darko Suvin, einem Literaturwissenschaftler der McGill University, Montreal. Sie bildet das Vorwort zu der von ihm zusammengestellten Anthologie »Andere Welten, andere Meere – Science Fiction aus sozialistischen Ländern«. Dieser Band, der im Goldmann-Verlag als Hardcover erschien, war einer der ersten, der dem deutschen Publikum Lekkerbissen aus einem bisher kaum beachteten Feld utopischer Phantasien vorlegte. Heute bildet Science Fiction aus den Ostländern einen zwar kleinen, aber wesentlichen Teil der in Deutsch erschienenen Science Fiction-Literatur. Der Goldmann-Verlag wird sich dieser interessanten Sparte in Zukunft innerhalb der eigenen Reihe verstärkt annehmen.

Science Fiction und Literatur – ein alter Streit zwischen Autoren und Kritikern. Gelegentlich aber entstehen immer wieder Bücher, die den Beweis liefern, daß die Science Fiction-Thematik kein Hindernis für eine literarische Darstellung sein muß. Einer jener Bände ist »Das Ultimatum« von Mordecai Roshwald, im Goldmann-Verlag als gebundener Sonderband erschienen. Über dieses Buch schrieb Bertrand Russell: »Ich wünschte, daß dieses

Buch von jedem Erwachsenen sowohl im Osten wie im Westen gelesen würde.« Und J. B. Priestley: »Dies ist wohl der mächtigste Angriff auf den ganzen Atombombenwahnsinn, den bis heute ein schöpferischer Schriftsteller gemacht hat.«

»Das Ultimatum« ist das typische Beispiel einer Antiutopie, jener Sonderfall von Science Fiction, der einen beachtlichen Beitrag zur Weltliteratur geleistet hat – dazu genügt der Hinweis auf Samjatin, Huxley und Orwell. Es ist bemerkenswert, daß auch ein großer Teil jener Manuskripte, die von deutschen Autoren eingereicht werden, dem Modell der Antiutopie folgt. Überhaupt bilden deutsche Autoren ein besonderes Kapitel in der Geschichte der deutschsprachigen Science Fiction; denn gegen alle Mahnungen und Vorwürfe bestand von vornherein die Absicht, sie in den Veröffentlichungen zu berücksichtigen, ihnen vielleicht sogar eine Art Option einzuräumen. Es wird ein ungeklärtes Rätsel bleiben, warum es fünfzehn Jahre dauerte, ehe brauchbare Manuskripte deutscher Science Fiction-Autoren auf die Schreibtische der Redaktionen kamen. Doch wie auch immer – mit erheblicher Verspätung gegenüber anderen Ländern haben wir heute eine eigenständige Science Fiction; und auch in ihr zeigt sich nun eine durchaus eigenständige Darstellungsweise, erfreuliche Bereicherung einer zunächst recht eng auf England und Amerika ausgerichteten Literatur.

Der Goldmann-Verlag hat sich der deutschen Autoren bevorzugt angenommen. Mit dem Band »Der Regentänzer« von Werner Zillig ist ein Buch erschienen, das durchaus literarischen Ansprüchen gerecht wird – das hat sogar die Kritik zur Kenntnis genommen. Eine willkommene Gelegenheit insbesondere für junge deutsche Autoren, das erstemal an die Öffentlichkeit zu treten, bietet sich in der von Thomas Le Blanc herausgegebenen Reihe, die nach Sternen benannt ist: »Antares«, »Beteigeuze«, »Canopus« usw. Sooft sich Gelegenheit dazu bietet – und es zeichnen sich bereits verheißungsvolle Möglichkeiten ab –, werden weitere Bände deutscher Autoren erscheinen. Und um die Signalwirkung für die Leserschaft zu erhöhen, ist geplant, diese Bände zu illustrieren, wie das beispielsweise bei den Anthologien der letzten

Zeit regelmäßig geschehen ist. Besonders erfreulich, daß sich dabei Gelegenheit ergibt, auf niveauvolle Arbeiten einer anderen Darstellungsform der Science Fiction, nämlich die ihr gewidmete Grafik, hinzuweisen. Unter den Künstlern, die zur Illustration der Goldmann Science Fiction-Bände beigetragen haben, sind bekannte Persönlichkeiten wie Thomas Franke aus der DDR, doch auch hier bietet sich Gelegenheit, unbekannte Talente vorzustellen – beispielsweise durch Zusammenarbeit mit einer Gruppe von Studenten der Fachhochschule Bielefeld, die mein durch Prof. Gottfried Jäger angeregtes Seminar »Science Fiction – Illustrationen zu einer Literaturgattung« besucht hatten. Darüber hinaus gibt die Veröffentlichung deutscher Autoren Verlag und Herausgeber willkommene Gelegenheit, Originalausgaben vorzulegen; die Ausstattung der Bände zeigt, daß auch eine gehörige Portion Engagement dahintersteckt – es bleibt zu hoffen, daß diese Aktivität von Lesern und Kritik anerkannt wird.

Sieht man sich heute auf dem deutschen Taschenbuchmarkt um, so sieht man, daß es bereits eine ganze Reihe von Verlegern gibt, die Science Fiction-Taschenbuchreihen herausbringen; wir nehmen es als einen Beweis dafür, daß die von Wilhelm Goldmann gelegte Saat aufgegangen ist. Die auch heute noch im Goldmann-Verlag erscheinende Reihe, Nachfolgerin von »Goldmanns Weltraum-Taschenbücher«, trägt jetzt den Namen »Goldmann – Science Fiction«, doch der blaue Einband ist ebenso Markenzeichen geblieben wie die Orientierung an der fundierten naturwissenschaftlich-technischen Basis.

Diese Richtung scheint heute nicht mehr so verbindlich wie am Anfang der Science Fiction-Aktivitäten. Das liegt nicht zuletzt daran, daß zu den Autoren auch solche gekommen sind, die von ganz anderen Fachrichtungen stammen – eine im Grunde genommen zweifellos erfreuliche Entwicklung. Allerdings besteht dabei die Gefahr, daß man gerade von jener Grundlage ableitet, an der sich das Interesse der Leser festhält. Ein großer Teil der passionierten Science Fiction-Leser gehört nämlich jenen Berufen an, die im weitesten Sinn des Wortes mit Naturwissenschaft und Technik zu tun haben – im übrigen sind es insbesondere junge Menschen der entsprechenden Ausbildungsfächer, die das Gros der Interessenten bilden. Daran zeigt sich, daß es im Prinzip richtig war, bei der Auswahl der Themen jene zu bevorzugen, bei denen die Problematik Mensch–Technik–Zukunft im Vordergrund steht. Das Ergebnis braucht deshalb nicht weniger phantastisch zu sein. Wie schon erwähnt, schließt der Ausdruck »Technik« nicht nur die physikalische und chemische Technik ein, die heute in größtem Umfang betrieben wird, sondern auch jene umstrittenen Verfahrensweisen und Anwendungsgebiete, die man als Biotechnik, Medicotechnik, Psychotechnik und Soziotechnik bezeichnen könnte. Es unterliegt wohl keinem Zweifel, daß in den dadurch gegebenen Stoffen Entwicklungen höchster Brisanz verborgen sind – es bedarf nur eines gut informierten Autors, der sie auch adäquat beschreiben kann.

Wie zu erwarten ist, sind es insbesondere Wissenschaftler und Techniker, die einen umfassenden Einblick in die Verflechtungen und Wechselwirkungen zwischen wissenschaftlicher Erkenntnis, technischer Entwicklung und sozialen Auswirkungen haben. Wie auch die Angehörigen anderer Berufs- und Denkrichtungen, so dürfen sie eine Literatur fordern, die diese Problematik mit allen ihren Erwartungen, Befürchtungen und Irritationen aufgreift. In dieser Thematik stecken auch faszinierende literarische Möglichkeiten: Science Fiction als logisch-phantastisches Gedankenspiel, Science Fiction als erfreuliche oder beklemmende Extrapolation, Science Fiction als eine Literaturform, deren Thematik die durch unseren Raum und unsere Zeit gesetzten Grenzen sprengt . . . Vielleicht ist dieser Anspruch bisher nur in Ansätzen erfüllt – trotzdem meine ich, daß Science Fiction eine Literaturform ist, die insbesondere der Denkweise der sogenannten »zweiten Kultur«, jener der Wissenschaftler und Techniker, entspricht.

Im Rahmen eines erfreulich vielfältigen Angebots ist es besonders wichtig, seiner Linie treu zu bleiben. Die ständig steigende Leserschaft einer im allgemeinsten Sinn technisch orientierten Science Fiction ist die erfreuliche Bestätigung für die Richtigkeit des eingeschlagenen Wegs. Science Fiction im besten Sinn des Worts ist immer noch die, die sich auf die Tatsache stützt, daß unsere Welt dort am phantastischsten ist, wo sich die imaginative Kraft des Menschen auf dem Boden der naturwissenschaftlich gegebenen Tatsachen bewegt.